Kochen für Deutschland - vom einzig wahren Sinn und Zweck der Diplomatie

Sabine und Alexander Petri

Kochen für Deutschland

Vom einzig wahren Sinn und Zweck der Diplomatie

Impressum
Herstellung und Verlag:
BoD – Books on Demand, Norderstedt
ISBN 978-3-7347-5313-8

Für Julia und Grischka,

die seinerzeit mit der herrlich spontanen Unbefangenheit von ihren 4 ½ und seinen 7 Jahren in einem Restaurant auf Menorca einem etwas hilflos dreinschauenden deutschen Touristenpaar am Nebentisch zeigten, wie man stil- und fachgerecht Langostinos knackt...

Inhaltsverzeichnis

Einleitung	9
Ein kleines Frühstück	14
Huevos revueltos 14	
Privilegien und Amtsschimmel	16
Appetitanreger	28
Salsa	31
Guacamole	33
Dips	34
Small Talk	35
Vorspeisen und Salate	37
Schwedische Brötchen („Källarfranska")	37
Geräucherter oder Gravlachs	39
Gravlaxssås:	39
Meerrettichschaum:	39
Gravad Oxfilé	41
Shrimps & Co	42
Shrimps - Cocktail	42
Garnelen in Avocado	44
Gambas al ajillo	44
Lachs - Kartoffel - Pastete	47
Amerikanischer Salat	49
Salade Niçoise	51
Spinatsalat	53
Kochen oder doch nur Essen für Deutschland?	55
Suppen	62
Xochitl-Suppe	62
Butternut - Suppe	66
Tomatencremesuppe	68
Zucchinisuppe mit Lachsstreifen	69
Chinasuppe	70
Currysuppe "Madras"	72
Kalte Gurkensuppe mit Kräutern	74
Spinatsuppe mit Haube	76
Von Bullen und Gänsen	78
Hauptgerichte	88
Bretonische Lammkeule	88

Bobotie	90
Maishühnchen mit Sesam-Ingwer-Soße	92
Jansons frestelse	94
Lachs - Lasagnetaschen	96
Seezungenfilets	98
Lachs-Spinat-Auflauf	99
Provençalischer Gemüsegratin	101
Gratinierter Spargel	102
Koriander-Reis mit Kürbis und Lamm-Hackbällchen	104
Mole poblano mit Huhn	106
Carne asada tampiqueña	109
Maistortillas	111
Grillparty	113
Maultaschen	116
Schweinefiletbraten mit Pilzen	120
Rindsfilet im Blätterteig	122
Zürcher Geschnetzeltes	124
Hühnerfrikassee	126
Sashimi - Platte	128
Heim, Herd und Geister	134
Nachspeisen	151
Mokka - Parfait	151
Rumtopf	153
Avocadocrème mit Himbeerpüree	155
Crème brûlée	156
Mousse au Chocolat	158
Kiwipüree	160
Landes-, Waren- und Berufskunde	161
Kaffee und Kuchen	166
Aunt Rosie's "Blechkuchen"	166
Englischer Teestollen	168
Pfirsich - Streuselkuchen	169
Broccoli-Lachs-Quiche	170
Champignontorte	172
Wieder daheim	174
Ein kurzer Abgang	178
Über die Autoren	181

Einleitung

> Diplomats were invented simply to waste time
> *David Lloyd George (17/1/1863 – 26/3/1945)*

Wenn man im Dezember 2007 im Internet die Stichworte „Diplomat" und „Vorurteil" „googelte", stieß man bei rund 101.000 Treffern ziemlich weit vorne auf eine Buchbesprechung von Hans Jürgen Küsters in der FAZ vom 26.Juni 2006 unter dem Titel „Allzweckwaffe" (gemeint ist der Verfasser der besprochenen Memoiren [1]). Die begann mit folgender zutreffender Feststellung: „Fast jeder deutsche Spitzendiplomat im Ruhestand fühlt sich heute bemüßigt, Memoiren zu schreiben". Zu ergänzen wäre dies noch mit der Bemerkung, dass sich das Memoirenschreiben wohl kaum auf „Spitzendiplomaten" beschränkt, sondern durchaus auch unterhalb dieser Ebene gang und gäbe ist: „Diplomatische" Memoiren gibt es zuhauf.

Zum Stichwort „Vorurteile" heißt es in diesem Artikel sodann: „Diplomaten reisen häufig, parlieren gelegentlich mit den Großen dieser Welt, tingeln ansonsten aber von einer Party zur anderen ...". Mit anderen Worten: Alles, was Diplomaten verstehen, ist nur: Essen, Trinken und Labern, ohne wirklich etwas zu sagen. Zeitverschwendung eben, wie der oben zitierte Lloyd George feststellte.

Wir sehen uns deshalb bemüßigt, zur Abwechslung mal keine Memoiren zu schreiben. Jedenfalls nicht die übliche Art, in der all die zeitgeschichtlichen Rädchen und Schräubchen aufgelistet werden, an denen man gedreht haben will. Vor allem aber hätten wir uns in unserer Selbsteinschätzung kaum zu den „Spitzen"-Diplomaten gezählt, obwohl wir durchaus auch auf Leitungsposten waren. Wären wir aber in einen kleineren oder auch größeren „Skandal" oder etwas Ähnliches verwickelt gewesen, wären wir vermutlich schon allein deshalb von der Journaille in diese Kategorie „befördert" worden. In solchen Fällen wurden ja schon reine Verwaltungsbeamte zu Spitzendiplomaten hochgejubelt. Viel interessanter als die Darstellung all der „historischen" Ereignisse, an denen wir teilnehmen, oder der prominenten Persönlichkeiten, mit denen

---

[1] Jürgen Ruhfus: Aufwärts. Erlebnisse und Erinnerungen eines diplomatischen Zeitzeugen 1955 bis 1992. Sankt Ottilien, 2006

wir „parlieren" konnten, finden wir wie die meisten unserer Freunde und Bekannten die Tatsache, dass auch Diplomaten eigentlich nur ganz normale Menschen sind. Eben ganz gewöhnliche Beamte im Auslandseinsatz, die ebenso wie alle anderen Normalbürger den damit verbundenen Problemen und Widrigkeiten des Alltagslebens ausgesetzt sind. Von wegen nur Privilegien und so. Also: runter vom roten Teppich auf den Boden der nüchternen Tatsachen und zu den Geschichten und Geschichtchen, wie sie das Leben eben so schreibt, denn die sollen sprichwörtlich ja die besten sein. Dabei wollen wir aber betonen, dass unsere Geschichtchen nicht „typisch" sind für „die Diplomaten" und deshalb nicht verallgemeinert werden dürfen. Andererseits: Außergewöhnlich sind sie nun wieder auch nicht.

Aber mit dem Essen und Trinken hat es natürlich doch etwas auf sich. Deshalb wird das vom notorischen Neidsyndrom der Deutschen immer wieder aufs Korn genommen. Siehe oben das Tingeln von Party zu Party. Unsere Erfahrung ist jedoch, dass in der Politprominenz von A wie Abgeordnete bis Z wie Zeitungsschreiber gerade diejenigen, die dem Auswärtigen Dienst populistisch immer wieder die Mittel für diese unnötigen Fress- und Saufgelage streichen wollen, in Wahrheit aber stets die Ersten sind, die auf ihren eigenen Auslandsbesuchen von den diplomatischen Vertretern zunächst einmal einen Empfang oder ein Essen erwarten, um nun auch ihrerseits „mit den Großen dieser Welt parlieren" und dabei auch sich selbst gebührend ins rechte Licht setzen zu können. Gewiss: menschlich, allzu menschlich, nicht wahr? Deshalb sollte man darüber auch besser nicht richten, sondern allenfalls nur schmunzeln.

Nicht verschwiegen werden darf die Rolle der Ehefrauen von Diplomaten, die den gängigen Klischees zufolge außer der Teilnahme an den zahllosen Partys entweder nur den Golfschläger schwingen oder Bridge spielen, wenn nicht sogar beides. Was sie aber angesichts der soeben erwähnten Erwartungen amtlicher oder auch nichtamtlicher Auslandsbesucher an die diplomatischen Vertreter häufig tatsächlich tun (müssen), ist neben ihrer Tätigkeit als Hausmeisterin (siehe Seite 140 f) und manch Anderem (siehe ab Seite 161) auch und allem voran „kochen für Deutschland". Dies aber eben gerade nicht so sehr für die tingelnde Politprominenz aus Deutschland, sondern zuvorderst für die Vertreter des Gastlandes. Diese nämlich gilt es für Deutschland zu gewinnen, denn

Liebe geht, wie jedermann weiß, durch den Magen! In der Tat hat uns langjährige Erfahrung gezeigt: Wo man gut bewirtet wird, geht man auch gerne wieder hin, wo nicht, da bleibt man in Zukunft lieber weg. Genau so ist es auch umgekehrt: wer bei uns etwas Anständiges in den Magen bekam, der kam gerne auch wieder. Und diese Gäste erwiesen sich dann auch beruflich als hilfreiche Kontakte: Ah, bei dem war's lecker, dem helfe ich gerne! Umgekehrt gilt das genauso. Sehen Sie, darum geht es bei der diplomatischen Völlerei! Nicht um den eigenen Bauch, oder? Aber klar, der eigene Genuss ist zweifellos ein willkommener „Kollateralschaden"!

Hiervon und von Anderem soll dieses Buch handeln. Auch weil sich die gesamte Nation in Radio und Fernsehen von A wie ARD bis Z wie ZDF an den Kochkünsten von Alfred Biolek über Tim Mälzer bis Eckart Witzigmann zu erfreuen scheint. Demzufolge biegen sich derzeit auch im Buchhandel die Regale und Auslagen von Koch- und Rezeptbüchern. Auf diesem Trittbrett wollen wir mitfahren und das eine oder andere unserer Kochrezepte beifügen, das jedenfalls unseren Gästen geschmeckt hat. Natürlich sollen das weniger „typisch deutsche" Rezepte sein, die man in Dr. Oetkers Schulkochbuch nachlesen kann, sondern vielmehr auch solche, die aus unseren Gastländern stammen. Was nicht bedeutet, dass wir „draußen" bei passender Gelegenheit nicht auch einmal Omas Rinds- oder Kohlrouladen, Königsberger Klopse, Schnitzel in jeglicher Form oder Ähnliches zubereitet und serviert hätten. Aber das kann man wie gesagt auch bei Dr. Oetker nachlesen. Hier soll es insoweit eher um unsere „Erfolgsrezepte" gehen.

Dabei kommt es uns darauf an, solche Rezepte zu zeigen, die ohne große Probleme zu kochen sind, denn auch an Diplomatentischen werden nicht ständig die aufwendigsten und feinsten Menüs oder Galadiners serviert, sondern in der Regel ganz normale Kost. Mit anderen Worten: Die Leserinnen oder Leser sollen auch einmal so essen können, wie die angeblich dauerschlemmenden Diplomaten. Und sei es auch nur deshalb, um dabei zu entdecken, dass auch die nur mit Wasser kochen. Eigentlich essen Diplomaten nichts Besseres, sondern gelegentlich eben nur Anderes als Andere. Vielleicht ist es mit den Speisen ja ähnlich wie mit den Diplomaten überhaupt: So, wie sie recht wortgewandt, ja sogar „überzeugend", reden können, ohne wirklich etwas zu sagen, so ist es oftmals auch mit dem Kochen: Das schmeckt und sieht nach mehr aus, als es wirklich ist. Der Trick ist ganz einfach: Ähnlich wie wohlgesetzte Worte die richtigen („blumigen"?) Gewürze oder Kräuter zu wählen. Besonders deutlich wird das z.B. bei einigen Suppenrezepten, etwa der Butternut-Suppe (siehe Seite 66). Das Entscheidende ist unserer Erfahrung nach, dass die Speisen so weit wie möglich selbst zubereitet sind. Das ist dann eben doch etwas mehr als „Schöntun", sondern das bisschen Substanz, die ein Diplomat zu bieten hat, um im Unterschied zu dem als Motto vorangestellten Zitat von Lloyd George ausnahmsweise mal nicht die Zeit zu verschwenden.

Kurzum: Dönkes für diejenigen, die mehr an Rezepten, und umgekehrt Rezepte für die, die mehr an Dönkes interessiert sind. Gelegentlich auch beides zusammen, denn das eine oder andere Rezept ist unmittelbar mit einem Döntje verbunden.

In diesem Sinne wünschen guten Appetit und gute Unterhaltung (die zu einem guten Essen ganz einfach dazugehört).

Sabine und Alexander Petri

P.S.
Selbstverständlich sind nicht alle Rezepte auf unserem eigenen Mist gewachsen. Für die meisten haben wir wie jeder andere Haushalt auch die Anregung zunächst von Kochbüchern und einschlägigen Zeitschriften bekommen. Es liegt uns aber fern, uns hier mit fremden Federn schmücken zu wollen und dafür – heutzutage ist ja nahezu alles irgendwie justiziabel! – wegen Plagiats oder Verletzung irgendwelcher Urheber-Rechte vor den Kadi zitieren lassen zu müssen. Was wir beabsichtigten, war nicht, uns als Schöpfer neuer kulinarischer Kreationen aufzuspielen, sondern nur eine Auswahl derjenigen Rezepte vorzustellen, die in unserer beruflichen Gastgeberrolle besonders beliebt waren. Im Laufe der Jahre haben wir sie natürlich abgewandelt und ihnen so doch auch eine persönliche Note gegeben, für die wir eben so wenig Urheberrecht beanspruchen wie für unsere ebenfalls präsentierten wirklich eigenen Rezepte. Das ist auch nur gerecht so, denn umgekehrt können wir natürlich auch keine Erfolgsgarantie gewähren. Bei uns jedenfalls haben sie stets geklappt, aber wir waren ja auch geübt.
Vor diesem Hintergrund legen wir jedoch großen Wert darauf, all jenen Kochbüchern und Zeitschriften zu danken, die uns auf die Sprünge geholfen haben. Sie alle namentlich aufzuführen ist uns leider nicht mehr möglich, weil wir die Rezepte unvorsichtigerweise im Laufe der Jahre ohne Quellenangabe auf dem PC niedergeschrieben und dort abgespeichert hatten, um sie für den Bedarfsfall jederzeit und sofort wieder finden zu können. Die Idee, solche Rezepte vielleicht einmal in einem Buch zu veröffentlichen, kam uns erst nach Abschluss unseres Berufslebens. Insoweit möchten

wir jede(n) Urheber(in), die/der sich vielleicht doch noch „wiederfinden" sollte, um Verzeihung und um Verständnis für unsere Arglosigkeit bitten. Nicht einmal gedanklich wollten wir ihr oder sein Licht unter den Scheffel stellen. Im Übrigen wird ein wenig gezieltes Surfen im Internet zeigen: So oder ähnlich sind nahezu alle Kochrezepte inzwischen weitestgehend „public domain"*!*

P.P.S.

Um Verzeihung bitten müssen wir auch für die politisch unkorrekte Verletzung der Grundsätze des Gender Main Streaming. *In der Tat gibt das Buch insoweit ein möglicherweise eher etwas altbackenes Gesellschafts- und Familienbild wieder, als ihm die „traditionelle" (aber immer noch weithin praktizierte!) Rollenverteilung zwischen Mann und Frau zugrunde liegt. Wir stellen also klar, dass wir nur von uns persönlich erzählt haben, wir selbstverständlich weder Maßstab sind, noch sein wollen, und dass heutzutage besser bzw. (politisch) korrekter von „Partnern und Partnerinnen", gleich ob von Frauen oder Männern, die Rede gewesen wäre. Tatsächlich aber geht es uns nur um die Erfahrungen als solche, und für diese spielt es keine Rolle, in welchen zivilrechtlichen oder sexuellen Konstellationen des Zusammenlebens sie gemacht werden. Ähnliche Erfahrungen wie wir werden heutzutage also ebenso gut die immer zahlreicher mitreisenden Partner oder Partnerinnen von Diplomaten und Diplomatinnen (bzw. umgekehrt oder auch über Kreuz) machen können, wenn sie es nicht schon haben. Wir halten es da ganz mit dem Werbespruch eines der weltgrößten Autohersteller, wonach nichts unmöglich sein soll!*

Ein kleines Frühstück

Wenn Diplomaten offizielle Gäste zu einem Frühstück eingeladen haben, handelt es sich selbstverständlich zumeist um ein so genanntes „Arbeitsfrühstück"[1], während dessen man z.B. das Programm für den bevorstehenden Tag bespricht. So ähnlich wollen wir während unseres Frühstücks erst einmal kurz die weitere Lektüre besprechen.

Als Erstes servieren wir frischen Orangensaft, Obstsalat, vielleicht ein Früchte- oder Nuss-Müsli und Cornflakes mit Milch und/oder Joghurt.

Dann gibt's wahlweise Kaffee und Tee, dazu knusprige Brötchen, Croissants, Toastbrot, eine oder zwei deftigere Brotsorten, sowie Wurst, Schinken- und Käseaufschnitt, Marmeladen, Honig und natürlich auch Butter.

Ferner das Frühstücks-Ei, je nach Größe 5 bis 6 Minuten „kernweich" gekocht und/oder als Spiegel- oder Rührei mit knusprig gebratenem Frühstücksspeck. Wie wäre es hier zur Abwechslung einmal mit einem etwas anderen Rührei? Zum Beispiel einer herzhaften Variante, die wir in Mexiko kennengelernt haben:

Huevos revueltos
4 – 6 Portionen

Zutaten:

6 große Eier	1 – 2 klein gehackte Tomaten
Salz	1 – 2 gehackte Zwiebeln
Schmalz oder Speiseöl	1 – 2 fein gehackte Chilischoten

---

[1] Überhaupt nennen sich die meisten offiziellen Essen, egal ob im Inland oder Ausland, ob im öffentlichen Bereich oder in der Geschäftswelt gegeben, zumeist „Arbeitsessen", so als ob Essen allein etwas Unanständiges (oder Zeitverschwendung?) wäre, das man mit einem unverdächtigen Wort schönreden müsste.

Zubereitung:

Eier aufschlagen und in einer Schüssel mit einer Prise Salz verrühren (nicht schlagen).

Schmalz, Butter oder Öl in einer großen Pfanne erhitzen. Zunächst Tomaten, Zwiebeln und Chilis braten, bis das meiste Wasser daraus verdunstet ist. Dann die Eier zugeben und mit den Zutaten verrühren. Weiter rühren, bis das Ei „trocken" ist.

Variieren könnte man dies noch mit etwa 100 Gramm ausgelassenem Speck bzw. Schinkenwürfelchen, die man dann als Erstes in der Pfanne ausbrät, bevor man die übrigen Zutaten zugibt. Das nennt man dann *huevos rancheros*.

Zum Schluss vielleicht noch ein letztes Tässchen Kaffee oder Tee mit einem Stückchen englischen Teestollen (Seite 168) gefällig?

Hat es geschmeckt? Dann also an die „Arbeit":

Das folgende Buch ist in zwei nebeneinander laufenden Strängen aufgebaut, so ähnlich wie die bekannte Doppelhelix, denn irgendwie sind die beiden Stränge immer wieder einmal miteinander „verzwirbelt". Der erste Strang soll uns von Anfang bis Ende durch einen Auslands-Aufenthalt führen, der zweite hingegen mit Rezepten durch eine komplette Speisenfolge vom Aperitif bis zum Kaffee.

Verzwirbelt sind die beiden Stränge durch die eingangs genannten „Dönkes", die eben nicht nur im ersten, sondern hin und wieder auch im zweiten Strang erzählt werden, weil so manche Rezepte für uns eine, wie wir meinen amüsante, Vorgeschichte haben.

Bleibt uns jetzt nur noch, Ihnen, viel Freude beim Lesen und vielleicht auch erfolgreiches Ausprobieren zu wünschen.

Privilegien und Amtsschimmel
Oder: Diskretion ist Ehrensache!

007 Bond - *James Bond* und Diplomaten haben so das Eine oder Andere gemeinsam. Nicht nur die Kenntnis, welcher Cocktail nun geschüttelt, und welcher gerührt werden muss, sondern auch in ihren beruflichen Aufgaben. Beide sollen sie nämlich ihren Einsatzort erkunden und dann darüber an ihre Zentralen zu Hause berichten, was da so abgeht. Der Diplomat arbeitet legal und nutzt vorwiegend „offene" Quellen, auch wenn er bisweilen – falls er sich gute Kontakte und deren Vertrauen erworben hat – durchaus auch „Geheimes" erfährt und berichtet. Der Geheimagent hingegen arbeitet vorwiegend im Verborgenen, eher am Rande der Legalität und manchmal vielleicht auch jenseits davon, um eben die Dinge zu erfahren, die einem Diplomaten vielleicht doch noch vorenthalten werden. Das schließt natürlich nicht aus, dass solcher Agent versucht sein mag, das eine oder andere Mal auch allgemein Zugängliches als Geheimwissen zu „verkaufen". Soll jedenfalls schon vorgekommen sein.

Nicht gemeinsam sind James Bond und den Diplomaten die Formalien, wie sie eingesetzt werden. James Bond wird nämlich immer vom Chef oder der Chefin von MI 5 auf seine exotischen Missionen geschickt, nicht ohne zuvor noch mit der notwendigen hypertechnischen Ausstattung, allem voran natürlich immer ein supersportliches und schickes Auto (nur Zweisitzer!), versehen worden zu sein. Ein Diplomat hingegen wird keineswegs eines schönen Tages wenn nicht sogar vom Herrn Minister höchstselbst, so doch wenigstens vom Personalchef aus seiner Amtsstube einbestellt, um von ihm freundlich lächelnd den Diplomatenpass und die Flugtickets in die Hand gedrückt zu bekommen und für den Traumposten irgendwo in der Karibik verabschiedet zu werden, wo der Beglückte dann in ein fertig eingerichtetes Anwesen mit Prachtvilla am Strand unter Palmen einziehen und umgeben von einer Schar dienstbarer Geister unbeschwert seine Amtsgeschäfte aufnehmen kann [1]. Außerdem

---

[1] Nur bei Leiterposten – also Botschaftern und Generalkonsuln – ist der Minister persönlich mit einer Versetzung befasst, auch weil solche Besetzungen – zumindest formal - im Kabinett beraten werden müssen.

haben Diplomaten kein schickes Sportcoupé zur Verfügung, sondern können ausschließlich für ihre Dienstgeschäfte einen Dienstwagen der Vertretung nutzen (nur Viersitzer!); lediglich die Leiter der größeren Vertretungen haben einen „eigenen" Dienstwagen zur Verfügung, der aber selbst ihnen nicht exklusiv bereitsteht, sondern auch für andere Dienstgeschäfte genutzt wird.

Bei „Diplomatens" geht es also recht nüchtern zu. Vom Anfang bis zum Ende eines Auslandsaufenthalts muss er zunächst einmal mit der Bürokratie kämpfen. Das beginnt schon mit der Versetzung. Bis in die achtziger Jahre hinein wurde vom zuständigen Personalreferenten lapidar mitgeteilt, dass daran gedacht werde, einen zu einem bestimmten Termin auf diesen Posten in jenem Land zu versetzen. Da man ja schon bei der Einstellung seine uneingeschränkte Versetzungsbereitschaft schriftlich bestätigt hatte (das ist bis heute Voraussetzung für die Einstellung), mussten schon sehr triftige Gründe vorliegen (etwa inzwischen aufgetretene Gesundheits- familiäre oder Schulprobleme mit den Kindern), um ein solches „Angebot" abzulehnen zu können. Und das war nur ein, allerhöchstens zwei Mal möglich, sonst ging es eben entweder in die Wüste nach Timbuktu oder Ouagadougou oder in den dampfenden Dschungel. Inzwischen ist das aber dadurch erheblich „verbraucherfreundlicher" geworden, dass jährlich Vakanzenlisten herausgegeben werden, aus denen man für die nächste anstehende Versetzungsrunde sogar bis zu fünf Optionen auswählen kann. In den allermeisten Fällen bekommt man schließlich auch einen dieser „Wunschposten" zugeteilt. Der Nachteil dieses humaneren Verfahrens ist allerdings, dass man dann auch selber schuld ist, wenn sich der Posten als besch... eiden herausstellen sollte. Früher konnte man in einem solchen Fall eben auf das blöde Personalreferat schimpfen, was als eine Art berufsbedingter Fatalismus den Frust vielleicht ein wenig gemildert hat. Eines aber ist zum Trost immer gewiss: es dauert längstens drei bis vier Jahre, dann geht es wieder zu neuen und dann hoffentlich schöneren Ufern.

Nun haben wir also den *Versetzungserlass* in der Hand und können auch erst dann mit allem Anderen loslegen: Umzugsfirma beauftragen; Reiseantrag stellen (nein, das ergibt sich nicht automatisch aus dem Versetzungserlass, denn in dem ist nur eine *Zusage* enthalten, nicht aber schon die *Genehmigung*!), um hinterher mit weiteren Anträgen die Umzugs-

und Reisekosten abrechnen zu können; gegebenenfalls Mietvertrag kündigen oder einen Mieter fürs Eigenheim suchen; Telefon, Strom, Wasser, Gas, Auto, Kinder in der Schule, und was sonst noch alles abmelden; Zeitung und Zeitschriften etc., ab- oder umbestellen; die Auszüge von Bankkonten und Kreditkarten umadressieren; Kranken-, Haft- Rechtsschutz-, gegebenenfalls Kfz- (wenn man es überhaupt mitnehmen kann, weil z.b. im Gastland Linksverkehr herrscht) und Hausrats-, Gebäude- und andere Versicherungen anpassen. Und Vieles davon muss dann spiegelbildlich nach Ankunft im Gastland ein zweites Mal erledigt werden. Kurz: Formulare, Formulare. Bei uns waren das zuletzt jedes Mal mindestens rund 50 solcher „Vorgänge".

Schließlich ist dann alles (abgesehen davon, dass man ja schon bei einer gewöhnlichen Urlaubsreise todsicher irgendetwas vergessen oder übersehen hat!) erledigt und man kann mit Kind und Kegel in den Flieger steigen. In diesem Moment ließen wenigstens bei uns immer schlagartig aller Druck und alle Nervosität nach: Nun rollt die Kugel und wir können sie nicht mehr beeinflussen; wie beim Roulette. In früheren Jahren durfte man bei Versetzungsreisen noch Erster Klasse fliegen (heutzutage nur noch „Business", sofern ein Flug ununterbrochen länger als acht Stunden dauert). Erste Klasse gibt es unter dieser Voraussetzung mittlerweile bestenfalls nur noch für die Versetzungsflüge von „Behördenleitern", also Botschaftern und Generalkonsuln. Wie auch immer: Wenn man bei solcher Gelegenheit im Unterschied zu sonstigen Dienstreisen nicht nur „Holzklasse", sondern „gehoben" fliegen durfte, genossen wir es überaus, nach all den Strapazen erst einmal ein Gläschen Champagner (früher sogar mit Kaviar, heute eher „nur" noch preiswertere Gaumenschmeichler) angeboten zu bekommen und sich entspannt im Sessel zurücklehnen zu können. Wir erinnern uns noch gut an unseren ersten solchen Versetzungsflug, zusammen mit einem knapp dreijährigen Sohn und einer acht Wochen alten Tochter, die sehr zur Freude und Entspannung ihrer Mutter ebenfalls fürsorglich „betüddelt" wurden. Bei einem späteren Versetzungsflug hatten wir auch noch eine Katze dabei. Selbst der wurden Kaviar, Lachs, Gänseleber etc. „angeboten". Aber sie war zu verschreckt und wollte nichts. Kurzum, alles war fast wie im Kino oder im Roman. Wir kamen uns damals zunächst einmal wirklich privilegiert vor.

Ja, die Privilegien: Zu den unausrottbaren Klischees über Diplomaten gehört die Auffassung, dass sie quasi rundum privilegiert seien. Dem ist aber nicht so. Jedenfalls nicht im Inland, wo auch der Diplomat nur ein ganz gewöhnlicher Bürger und Beamter wie jeder andere ist. Diese sagenhaften Privilegien gelten nämlich nur im Ausland, und auch da nicht, um den Diplomaten persönlich das Leben zu versüßen, sondern lediglich, um ihre Dienstgeschäfte zu erleichtern. Festgelegt ist das übrigens in zwei internationalen Vereinbarungen, den sogenannten Wiener Konventionen für diplomatische und für konsularische Beziehungen. Im Prinzip geht es unter anderem darum, dass die Einfuhr oder der Kauf von dienstlichem Gerät und dienstlichem Verbrauch nicht auch noch mit Zöllen oder Steuern belastet sein soll. Dazu gehören auch Genuss- und Nahrungsmittel für die gesellschaftlichen Verpflichtungen eines Diplomaten. Die gibt es nun einmal, denn wie soll er sonst gute Kontakte pflegen, wo doch die Liebe wie gesagt durch den Magen geht? Nicht aber werden sie für sein persönliches „Tingeln" oder seinen persönlichen Genuss eingeräumt. Natürlich kommt ihm das auch persönlich zugute, denn wie soll man bei Nahrungs- und Genussmitteln scharf zwischen privat und Dienst trennen? Das braucht gar nicht verschwiegen zu werden. Tatsache ist aber auch, dass heutzutage die meisten Staaten solche Privilegien durch immer striktere Kontingentierung mehr und mehr einschränken, um Missbrauch zu unterbinden. Und wo gibt es keinen Missbrauch? Da geht es in der Diplomatie auch nicht anders zu als in so manchen Vorständen auch deutscher Großunternehmen, die sich z.B. Lustreisen genehmigten, oder bei diesem oder jenem Arbeitnehmervertreter, der sich solchermaßen schmieren ließ. Vom leider weitverbreiteten Missbrauch unseres Sozialsicherungssystems oder der Steuerflucht von Super-Reichen nach Liechtenstein einmal ganz abgesehen. Das soll keine Rechtfertigung sein, sondern nur die Dinge ins Lot rücken: Auch insoweit sind Diplomaten (leider) nun einmal ebenfalls nicht anders als die Anderen.

Manchmal können die „Privilegien" aber auch geradezu nach hinten losgehen. So z.B. im folgenden Fall: Autounfall in Mexiko. Reiner Sach- und keinerlei Personenschaden. Gleichwohl wurde auch dem Diplomaten zunächst einmal der Führerschein abgenommen und erst dann wieder ausgehändigt, als die Reparatur der ebenfalls verbeulten Leitplanke an der Staatsstraße bezahlt war. Versicherungstechnisch hatte das Auto einen Totalschaden erlitten, denn die Reparaturkosten hätten den Tageswert des Wagens überstiegen, auch weil die Ersatzteile hätten importiert werden müssen. Das Wrack ausschlachten oder nur einfach verschrotten ging aber auch nicht, denn der Wagen war noch nicht frei für den Verkauf. Üblicherweise dürfen zoll- und abgabenfrei importierte „Diplomatenautos" nämlich erst nach Ablauf einer mehr oder weniger langen Frist (zumeist mindestens zwei Jahre) wieder auf dem freien Markt verkauft werden. Davor logischerweise nur an andere „Privilegierte". Andernfalls müssen eben Zoll und/oder Steuern nachgezahlt werden. Das traf in Mexiko nun auch auf unser Wrack zu, und zwar erbarmungslos. Am Ende blieb nämlich nur die Wahl, es entweder zurück in die USA, woher das Auto stammte, zu exportieren und dort verschrotten zu lassen. Neben den hohen Transportkosten wären dann obendrein wohl noch Zoll und Steuern in den USA zu entrichten gewesen. Oder aber den Blechhaufen dem mexikanischen Staat zu überlassen, was wir dann als das geringere Übel auch taten. Allerdings: Einer der Fahrer der Botschaft hatte es zuvor dann doch noch klammheimlich „ausgeschlachtet": Radio ausgebaut, die schicken Leichtmetall-Felgen gegen einfache mit schlappen Reifen ausgetauscht und dergleichen mehr; er gönnte „seinem" Fiskus eben auch nichts. Das Kernstück aber, den noch einwandfreien Motor, musste er schweren Herzens dann doch drin lassen.

Wie wir bereits gesehen haben, gehört es auf keinen Fall zu jenen Privilegien, dass ein Diplomat sich nicht selbst um seinen Auslandsumzug kümmern müsste, weil dies alles von seinem Arbeitgeber für ihn erledigt würde. Großes Erstaunen immer wieder: „Was, das müsst Ihr alles selbst machen?" Vielmehr geht es sogar so weit, dass nicht etwa das Auswärtige Amt, in dessen Auftrag der Bedienstete schließlich umzieht, sondern er selbst den Vertrag mit dem Spediteur abschließen und deshalb auch alle damit verbundenen Haftungs- und sonstigen Risiken tragen muss. Im Auswärtigen Amt gibt es keine Umzugsstelle, sondern nur eine Umzugs*kosten*stelle. D.h., es zahlt nur und überlässt alles andere dem Bediensteten.

Das schließt zumeist auch die Suche nach einer Wohnung am neuen Dienstort ein [1]. Nur Botschafter und bisweilen auch Generalkonsuln

---

[1] Dafür gibt es aber seit einigen Jahren immerhin die sogenannte Wohnungsbesichtigungsreise, die dem Bediensteten die Möglichkeit gibt, bereits vor Dienstantritt eine Wohnung zu suchen, was

bekommen in der Regel eine amtliche und in den „Gesellschaftsräumen" auch eingerichtete „Residenz". Nur an wenigen Dienstorten mit besonders schlechten klimatischen Verhältnissen gibt es eingerichtete Dienstwohnungen auch für die anderen Bediensteten. Ansonsten zieht man mit seinem eigenen Mobiliar um. Da ging es früher so manchen Vertretern der deutschen Wirtschaft im Ausland besser: Die hatten Umzugsstellen in ihren Firmen, welche nicht nur zahlten, sondern das meiste auch tatkräftig abwickelten. Mittlerweile haben sich aber die meisten Unternehmen insoweit an den angeblich so gepamperten Auswärtigen Dienst angepasst und verlangen von ihren Auslandsvertretern ebenfalls, ihre Umzüge selbst abzuwickeln.

Das ist ja auch gut und richtig so. Schließlich kann man durchaus auch selbst etwas dafür tun, dass man ins Ausland darf. Und natürlich ist es angenehmer, in seinem eigenen Inventar zu wohnen als in irgendeiner standardmäßig (und meist übrigens ziemlich scheußlich) eingerichteten Dienstwohnung. Bei alledem ist es übrigens auch ein weitverbreiteter Irrglaube, dass der „privilegierte" Diplomat keine Miete zahlen müsse, weil sie angeblich vom Auswärtigen Amt übernommen wird. Er bekommt nämlich lediglich einen sogenannten Miet*zuschuss*, sofern die vielerorts recht saftigen Auslandsmieten seinen Pflicht-Eigenanteil (ein am statistischen Durchschnittswert orientierter Prozentsatz seines Inlandsgehalts) übersteigen. Das gilt sogar für Botschafter und Generalkonsuln, die eine „amtliche Residenz" zur Verfügung gestellt bekommen. Ebenso wie für diejenigen, die wegen der besonderen klimatischen Verhältnisse eine Dienstwohnung beziehen können, damit sie nicht auch noch ihre dafür nicht geeigneten deutschen Möbel „opfern" müssen. Denn wer hat schon Möbel aus hitze- und feuchtigkeitsfestem, massivem Tropenholz? Normalerweise haben wir hierzulande furnierte oder Weichholzmöbel. In zu trockenem oder zu feuchtem Klima reißen oder quellen die oder das Furnier platzt ab.

Richtig stressig wird ein Auslandsumzug aber erst dann, wenn man schließlich im Land seiner Träume angekommen ist. Auch da gibt es

---

manchmal erfolgreich ist, manchmal aber auch nicht. Wenn sie aber erfolgreich war, dann ist das nicht nur eine große Erleichterung, weil man im Unterschied zu früher weiß, wo es hingeht, sondern auch eine Ersparnis für den Steuerzahler, der das ja alles finanziert, weil dadurch teure Hotelkosten für eine Zwischenunterbringung gespart werden können.

nämlich an den Auslandsvertretungen niemanden, der einem die Last abnimmt, sondern nur Zahlstellen - wenigstens das. Und diese Last ist manchmal ziemlich schwer, denn der deutsche Gesetzgeber verlangt, dass auch im Ausland die Umzüge nach den deutschen Vorschriften abgewickelt werden. Egal, ob in anderen Ländern andere Regeln gelten oder nicht. Die Welt soll am deutschen Verwaltungswesen genesen. Und wenn da nicht alles vorschriftskonform ist, kann es Probleme bei der Kostenabrechnung geben. Umgekehrt sieht natürlich im Gastland niemand ein, weshalb er sich ausgerechnet an deutsche Verwaltungsvorschriften und nicht an die seines eigenen Landes halten soll. Das alles unter einen Hut zu bekommen, kann es ganz schön zeitraubend und nervig werden.

Umzüge sind also stets mit viel Bürokratie verbunden. Wer aber diesbezüglich glaubt, in Deutschland wiehere der Amtsschimmel besonders laut, der irrt. Gerade was Länder der sogenannten Dritten Welt angeht. Im Vergleich zum lauten Wiehern von deren Amtsschimmel gibt der deutsche nur einen leisen Seufzer von sich. Auch dieses Klischee von der überbordenden deutschen Bürokratie stimmt einfach nicht.

Wer schließlich glaubt, die diplomatische „Immunität" garantiere, dass das Umzugsgut im Eingangshafen unkontrolliert durchgewinkt wird, kann ebenfalls irren. Nach den bereits genannten Wiener Konventionen gibt es nämlich den Vorbehalt gesundheits- oder hygienepolitischer Maßnahmen. Unter diesem Deckmäntelchen kann dann schon einmal in dem einen oder anderen Land gelegentlich auch ein Diplomatencontainer (oder eben gerade ein solcher?) zwecks „Schädlingsbekämpfung" geöffnet und seuchenpolitisch „ausgeräuchert" werden. Und wenn der Container solchermaßen schon einmal geöffnet ist: Gelegenheit macht Diebe, weshalb bisweilen schon auch einmal ein Teil des Umzugsguts sozusagen im „Rauch" verschwindet. Da steht der Diplomat also keineswegs besser da als jeder andere nicht privilegierte Einreisende auch. Übrigens auch nicht bei den unausbleiblichen Umzugsschäden. Eine natürlich ziemlich übertreibende Faustregel besagt, dass etwa drei Umzüge auf einen Totalverlust (oder Austausch) hinauslaufen. Bei uns hat sich das zwar nicht so krass bestätigt (auch wenn wir ebenfalls so manchen Verlust zu beklagen hatten), aber wir wissen von Kollegen, dass das schon einmal vorkommen kann. Bei aller Übertreibung - an der „Faustregel" ist etwas dran: Verschleiß und Verlust des Mobiliars sind schon allein wegen der Häufigkeit der Umzüge gewiss überdurchschnittlich. Da helfen auch nicht noch so viele Privilegien, sondern bestenfalls nur die Versicherungen (mit denen man jedoch meistens erst einmal darum kämpfen muss), damit man Ersatz beschaffen kann. Sofern es solchen dann auch gibt, wie z.b. für Familienstücke oder andere Gegenstände mit sentimentalem oder emotionalem Wert, deren Geldwert Versicherungen zudem gerne möglichst tief herunterrechnen (war ja doch nur oller Kram).

Am neuen Dienstort wartet man zunächst einmal auf das Eintreffen des Umzugsgutes - natürlich möglichst schon in der während der vorangegangenen Wohnungsbesichtigungsreise (siehe Seite 20) angemieteten und, um teure Hotelkosten zu sparen, etwa mit geliehener oder im unbegleiteten Reisegepäck mitgebrachter Campingausrüstung notdürftig ausgestatteten Wohnung. Wenn der neue Posten weiter weg in „Übersee" ist, kann sich das wegen des langen Seewegs auch schon ganz schön lange hinziehen. Einmal sind wir während solcher Wartezeit nach ein paar Wochen aus lauter Verzweiflung ziemlich oft ins Kino gegangen, ganz einfach, um wenigstens mal ein paar Stunden entspannt sitzen zu können, denn die Campingstühle daheim sind auf Dauer doch ziemlich hart und unbequem. Gleichwohl, während dieser Zeit kann man sich auch schon um die anderen Dinge des alltäglichen Lebens kümmern, wie z.B. Konto, Telefon, Strom, Wasser und was sonst so alles zum alltäglichen Leben gehört. Bekanntlich regiert Geld die Welt. Deshalb braucht man als Erstes einmal ein Bankkonto. Das Einrichten eines solchen geht ja noch in aller Regel ohne größere Komplikationen, denn die Auslandsvertretungen haben natürlich eine „Hausbank", die mit den diplomatischen Exoten umzugehen weiß. Aber schon beim Erwerb eines Mobiltelefons können die Probleme losgehen. Vor allem in angelsächsisch geprägten Ländern braucht man dafür eine *„credit history"*. Das ist so etwas wie eine Schufa-Auskunft über die Kundenbonität. Die hat man aber als gerade eingereister Ausländer im Gastland natürlich noch nicht, und es hilft überhaupt nichts, dass man Diplomat ist oder etwa anbietet, eine entsprechende Bescheinigung über die Kreditwürdigkeit seiner Heimatbank oder der Botschaft vorzulegen. Da bleibt nur der Ausweg, das Handy auf die Auslandsvertretung laufen zu lassen und die Gebühren intern abzurechnen. Ähnlich kann es bei einer Kreditkarte gehen. Aber die braucht man jedenfalls zu Anfang nicht so dringend, weil ja auch die heimische verwendbar ist. Gegebenenfalls muss man sich eben schnell mit ein paar Ratenzahlungskäufen eine *„credit history"* zulegen, dann laufen einem in kürzester Zeit die entsprechenden Unternehmen sogar noch hinterher.

À propos Konto im Gastland und Kreditkarten: Es kann fast schon lebens-, jedenfalls zahlungsrettend sein, immer auch seine deutsche Kreditkarte bei sich zu haben. So z.B. im Herbst 1982, als Mexiko zu Ende der Amtszeit des Präsidenten López Portillo in eine Finanz- und Devisenkrise geraten war, weil allzu viele der oberen Zehntausend ihre Pesos in die USA verschoben hatten. Wir haben es noch heute in den Ohren, wie Präsident Lopez Portillo sich in einer Radio-Ansprache mit tränenerstickter Stimme über diese *„saca-dólares"* beschwerte, obwohl man munkelte, dass er mit seinem ebenfalls in den USA befindlichen Privatdollars locker die beträchtliche Lücke im Staatshaushalt hätte stopfen können. Die Folge dieser Finanzkrise war jedenfalls, dass die „Hausbank" von einem Tag auf den anderen nicht mehr wie bisher die von der Botschaft und ihren Angehörigen eingereichten deutschen Schecks auf Treu und Glauben unverzüglich den betreffenden Konten gut schrieb, sondern erklärte, dies nunmehr erst dann vornehmen zu können, wenn die Bestätigung der bezogenen deutschen Bank vorliege, und das dauere so etwa vier bis sechs Wochen. Abgesehen davon, dass man in Mexiko schon damals fast überall, jedenfalls in den größeren Supermarktketten, ohnehin auch mit einer deutschen Kreditkarte bezahlen konnte, war diese auch für die kurzfristige Beschaffung von Barem, und das braucht man doch immer irgendwie, die „Rettung": Am Bankautomaten konnte man es sich nämlich ohne Probleme damit beschaffen und so die „Durststrecke" überwinden, bis die Dinge sich wieder normalisiert hatten.

Gut zehn Jahre später erlebten wir in den USA wieder Ähnliches, wenn auch infolge der weiteren Entwicklungen im internationalen Zahlungsverkehr seither weniger dramatisch: Die „Hausbank" der Botschaften und Konsulate war wegen Geldwäsche zugunsten des Irak geschlossen worden. Also wurden bei anderen Banken neue Konten eingerichtet. Aber wiederum waren diese Banken nicht bereit, wie die bisherige die eingereichten Schecks unverzüglich gut zu schreiben, sondern erst nach Bestätigung, die inzwischen aber nur noch zwei bis drei Wochen in Anspruch nehmen sollte. Wieder halfen die deutschen Kreditkarten, ja sogar die Scheckkarten, um sich auch mit Barem versorgen zu können. Und der Transfer vom deutschen aufs amerikanische Konto konnte wegen des inzwischen gut funktionierenden internationalen elektronischen Zahlungssystems innerhalb weniger Tage direkt von Deutschland aus erfolgen.

Noch wichtiger als die *„credit history"* ist in einem Land wie z.B. den USA die Sozialversicherungsnummer. Ohne die ist man praktisch kein Mensch, und das gilt auch für Diplomaten. Strom, Wasser, Telefon, Anmeldung der Kinder in der Schule und was sonst noch alles, geht praktisch kaum ohne diese Nummer. Die zu bekommen ist leider nicht immer einfach und dauert auch seine Zeit. „Normale" dauerhafte oder auch nur zeitweilige Einwanderer haben da weniger Probleme, weil sie im Unterschied zu den „immunen" Diplomaten (Näheres hierzu ab Seite 78) voll dem Zugriff der Justiz unterliegen. Wenn man schließlich die magische Nummer dann hat - natürlich mit dem Hinweis, dass sie nicht zur Arbeitsaufnahme berechtigt -, dann heißt das nicht, dass auch die Ehefrau eine bekommt. Sie bekommt sie nämlich nicht und ist damit schlechtergestellt als die Ehefrau jedes anderen Ausländers, die sie ohne Weiteres bekommt. Ohne Sozialversicherungsnummer gibt es z.B. auch keine der weitverbreiteten Kundenkarten von Kaufhäusern, Tankstellen - egal was - und damit auch keine der damit verbundenen Rabatte und sonstige Vergünstigungen. Wer ist da nun privilegiert?

Die Frage, wer nun privilegiert ist, kann sich unter anderem auch bei der Auto-Versicherung stellen. Manche Länder akzeptieren nämlich grundsätzlich keine ausländische, also auch keine deutsche Versicherung. Sie lassen nur einheimische Versicherer zu. Abgesehen davon, dass dann auch hier wieder das Spiel mit der Sozialversicherungsnummer oder ähnlich „schikanösen" anderen Voraussetzungen losgeht, anerkennen solche Versicherungen oftmals auch nicht den zu Hause erworbenen Schadensfreiheitsrabatt. Vielmehr wird man als Neukunde schlicht und einfach wie ein Führerschein-Anfänger mit entsprechendem Risikozuschlag bei der Prämie eingestuft. Und glaube nur keiner, dass der öffentliche Dienst so flexibel wie so manches Wirtschaftsunternehmen wäre, das seinen Angestellten aus den geschilderten Gründen anbietet, auch ihr Privatfahrzeug als Firmenwagen anzumelden, damit sie in den Genuss günstigerer Prämien kommen, oder gar von vornherein den Wagen zur Verfügung stellt. Gut, für solchen Mehraufwand bekommt man zum

Gehalt die sogenannte „Auslandszulage" dazu. Das Beispiel zeigt aber auch, wofür die da ist: Nicht zur persönlichen Bereicherung, sondern genau für solchen unvermeidlichen Mehraufwand. Wie noch später zu zeigen sein wird, ist mit solchen tatsächlich anfallenden Mehrkosten der größte Teil dieses Auslandzuschlags letztendlich nur ein Durchlaufposten im persönlichen Budget. Da bleibt eher nur wenig „hängen" als Ausgleich für die immateriellen Mehrbelastungen, wie es so schön in den einschlägigen Vorschriften heißt (z.B. die Trennung von der weiteren Familie, Klimabelastungen und Ähnliches).

Die „freie Wirtschaft" hat es bei alledem oftmals schon allein deshalb besser, weil jedenfalls die größeren Unternehmen für all diesen Behördenkram schlicht und einfach einen einschlägig spezialisierten Rechtsanwalt engagieren, der das alles erledigt. Nicht so die diplomatischen Vertretungen, die ja angeblich so viele Privilegien genießen, dass man keinen Anwalt braucht, geschweige denn die Kosten dafür erstattet bekäme. Alles in allem zeigt sich also, dass so manche der oft geneideten Privilegien unter dem Strich wenig hergeben und, sofern sie nicht überhaupt irgendwie unterlaufen werden, bisweilen sogar eher hinderlich sein können. Es ist eben nicht alles Gold, was glänzt - auch in der Diplomatie.

Das gilt auch für die Diskretion. Gemeinhin sagt man den Diplomaten ja nach, sie könnten notfalls so diskret sein, dass sie sogar selbst nicht mehr mitbekommen, was sie gerade von sich geben. Sollte dem tatsächlich so sein, so können sie umgekehrt gegenüber sich selbst keineswegs überall Diskretion erwarten. Jedenfalls nicht, was beispielsweise das Weghören anlangt. So bemerkten wir Anfang der siebziger Jahre in dem „aparten" Land an der Südspitze Afrikas, das sich selbst als die „letzte Bastion des freien Westens" auf diesem Kontinent" bezeichnete, dass regelmäßig nicht nur unsere Post geöffnet, sondern auch unser Telefon abgehört wurde. Da konnte es schon mal vorkommen, dass man den Telefonhörer abnahm und sogleich mittendrin in einem Gespräch zweier anderer Botschaftsangehöriger war. Offenbar waren also die Leitungen aller Botschaftsmitglieder irgendwo in einer Art Konferenzschaltung „zusammengeknüpft". Auffallend war auch die Häufigkeit, mit der - vorzugs- und seltsamerweise die Kontoauszüge - geöffnete Post im Briefkasten landete, die mit einem Klebestreifen wieder verschlossen worden war, mit dem Aufdruck: Geöffnet empfangen und amtlich wieder verschlossen. Wir hätten auf derartige fürsorgliche Dienstleistung, unsere „beschädigte" Post vor neugierigen Augen zu schützen, gerne verzichtet.

Ähnlich, wie seinerzeit in Südafrika, passierte es uns viele Jahre später auch in der wahren und einzigen Bastion des freien Westens, die sich seit „nein-ilewwen" (dem Anschlag auf das World Trade Center am 11.09.2001) damit hervortut, bisweilen auch gewaltsam Freiheit und Demokratie z.B. im Irak durchsetzen zu wollen. Bei bestimmten Schlüsselworten brach auch dort unversehens die Telefonverbindung ab. Verbindung neu aufgebaut: Beim gleichen Wort brach die Leitung erneut zusammen. Umschrieb man bei der dritten Verbindung das Schlüsselwort mit unverfänglicheren Begriffen, blieb sie intakt. Wenn das mal ebenso wie das berüchtigte „Knacken" in der Leitung kein Zufall war! Und wenn man aus diesem Land mit dem Flugzeug ausreiste, fand man fast regelmäßig beim Öffnen der Koffer am Zielort obendrauf ein kleines Zettelchen, auf dem mitgeteilt wurde (immerhin!), dass der Koffer vor Abflug aus Sicherheitsgründen geöffnet und durchsucht worden war. „Diplomatengepäck" hin oder her.

Manchmal haben wir uns nach alledem schon mal gefragt, ob uns das alles nicht erspart geblieben wäre, wenn wir ganz „normale" Menschen und keine Diplomaten gewesen wären. Dann hätte sich wahrscheinlich wohl kaum jemand für uns interessiert. Insoweit hätten wir denn gerne auch auf unsere „Privilegien" verzichtet.

Appetitanreger

Nachdem nunmehr beim Umzug vom Inland ins Ausland nicht nur alle bürokratischen und sonstigen Hürden überwunden sind, sondern auch das Inventar wieder eingeräumt ist, soweit es beim seuchenhygienischen Ausräuchern des Containers vom Diebstahl verschont geblieben oder nach einem Leck im Container nicht verschimmelt oder verquollen war, und nachdem schließlich gegebenenfalls wegen anderer Stromspannung oder -Frequenz im Gastland auch die neuen Küchengeräte installiert, sowie die Märkte und Geschäfte für den Einkauf der Zutaten erkundet sind, kann es nun endlich an die erste Einladung gehen.

Doch zunächst noch einmal kurz zum diplomatischen Leben: Bekanntlich ist es mehr oder weniger strikten Regeln unterworfen, die man auch „Protokoll" nennt. Natürlich gibt es ein solches auch - wie sollte es anders sein? - für die wichtigste Aufgabe der Diplomaten, das Essen.

Zum einen gibt es eine „Tischordnung", die festlegt, wer neben wem sitzen darf, ohne dass sich jemand in seiner Eitelkeit verletzt fühlt und die beleidigte Leberwurst zum diplomatischen Zwischenfall aufbläst. Zum anderen gibt es auch so etwas wie „Tischmanieren", die von Land zu Land unterschiedlich sein können. Während wir z. B. in Deutschland mit Messer und Gabel Stück für Stück vom Braten oder dergleichen abschneiden und dann gleich auch zu Munde führen, weil es als unfein gilt, wenn man erst alles verschnippelt und vermust, um es sodann einzuschaufeln, sieht das in den USA ganz anders aus. Dort wird gerade zuerst einmal alles mit dem Messer zerkleinert und dann, die linke Hand unter dem Tisch (griffbereit für den Colt des Nachbarn?), mit der Gabel nach und nach zu Munde geführt. Im Wilden Westen gilt es nämlich als „gierig", wenn man wie wir in Deutschland das Essen gleich nach dem Zerkleinern verspeist. Oder die Sache mit den Erbsen. Erbsen kullern ja immer. Fragt sich nur, wohin? In Deutschland bleiben davon wenigstens ein paar auf der normal, also mit der Krümmung nach unten gehaltenen Gabel liegen. Im Unterschied zu den Germanen haben's die Angelsachsen offenbar weniger mit dem Erbsenzählen. Letztere bugsieren nämlich die Erbsen seltsamerweise auf die umgekehrte Gabel, also mit der Krümmung nach oben, sodass fast alle zurück auf den Teller kullern. Das ist sicher distinguierter als die barbarischen Teutonen!

Schließlich gibt es auch das „Menü", zu Deutsch: Speisenfolge. So gilt für ein stilgerechtes Mittag- oder Abendessen „mit allem Drum und Dran" die folgende klassische Abfolge, an die wir uns auch beim Vorstellen unserer Rezepte halten wollen:

- Aperitif mit Appetitanregern
- Vorspeise
- Suppe
- Hauptspeise
- Käse
- Nachspeise
- Digestif, Kaffe/Tee, dazu evtl. Pralinen und/oder Gebäck.

Und wenn es ganz schick zugehen soll, werden zur Neutralisierung des Nachgeschmacks zwecks Vorbereitung des nächsten Gangs jeweils nach Vorspeise und Suppe noch Sorbets, also Wasser-Eiscreme gereicht, meistens aus Zitrone, Himbeere oder Kiwi mit einem Blättchen Zitronenmelisse garniert.

Allerdings: Auch Diplomaten haben nicht grenzenlos Zeit zur Verfügung. Und solch ein komplettes Menü kann schon einige Stunden „verschwenden", wie es der eingangs zitierte Lloyd George nennen würde. Weil der aber nicht recht haben darf (welcher Diplomat mit einem Funken Selbstachtung könnte das schon zulassen?), geht es in der Praxis meistens kürzer zu: Drei Gänge tun es auch: Vorspeise *oder* Suppe, Hauptspeise und danach Käse *oder* Nachspeise.

Meistens beginnt eine Essenseinladung damit, dass man erst einmal herumsteht, *small talk* (kommt gleich auf Seite 35) macht und einen Aperitif zu sich nimmt, bis alle Gäste eingetroffen sind. In manchen Ländern kann das aber ziemlich lange dauern. Entweder weil - wie z.B. in Mexiko-Stadt - die Verkehrsverhältnisse so chaotisch sind, dass man selbst beim besten Willen nicht so genau einschätzen kann, wie lange man im endlosen Verkehrsgewühl bis zum Gastgeber unterwegs ist. Oder aber, weil im Gastland ganz allgemein ein anderes Zeitempfinden herrscht als wir es (noch?) gewohnt sind. Sozusagen die Westentaschen-Ausgabe der Mañana-Mentalität: Komm' ich nicht um acht, dann eben um neun;

Hauptsache, ich komm'. Nun, vor allem wenn sich solches Warten noch ein wenig länger hinzieht, reicht man zum Aperitif eben noch einen kleinen Appetithappen, damit die Mägen nicht zu Boden hängen. In vielen Gegenden der Welt hat man mit einem stilgerechten „gesetzten" Essen aber auch noch ein anderes Problem: Es ist keineswegs ausgemacht, dass tatsächlich auch alle diejenigen Gäste erscheinen, die der Einladung zugesagt haben. Umgekehrt ist es nicht ungewöhnlich, dass stattdessen solche Gäste erscheinen, die *nicht* zugesagt hatten. Und der „Gipfel" ist es dann, wenn Gäste unvorhergesehen noch eine(n) ungeladenen Freund oder Freundin mitbringen. Auch das ist nicht ungewöhnlich in Ländern, die etwas ungezwungener und lebenslustiger sind als etwa im hohen Norden Europas. Umgekehrt haben wir es aber auch erlebt, dass wir bei der telefonischen besorgten Anfrage am nächsten Morgen, ob dem ausgebliebenen Gast gestern Abend etwas passiert sei, die lapidare Antwort bekamen: „Nein, wieso? Er/Sie hatte halt nur keinen Hunger". In solchen Ländern haben wir dann nach Möglichkeit Abstand genommen von förmlichen, „gesetzten" Essen und stattdessen zum weitaus ungezwungeneren *„Buffet"* geladen, bei dem es nichts ausmacht, wer wann kommt und noch wen mitbringt oder auch nicht. Aber auch ein solches *Buffet* beginnt meistens mit einem Aperitif und Appetitanregern.

Natürlich gab es auch bei uns immer wieder die „Standards", wie die „Kanapees" oder Cracker mit den üblichen Belägen von der Leberpastete bis zum Kräuter-Frischkäse, die Backpflaumen im Speckmantel, Cocktailwürstchen mit Senf oder Dips, Honigmelonen-Schnitze mit Serrano- oder Parmaschinken und Ähnliches. Nachfolgend jedoch ein paar Vorschläge, die mal etwas anders und deshalb auch sehr beliebt waren.

Salsa
4 Portionen

Die Salsa haben wir in Mexiko-Stadt kennen und schätzen gelernt. Neben der Guacamole, die wir gleich nachher vorstellen werden, wird sie in Mexiko nicht nur als Appetitanreger ähnlich wie die *Bruschetta* beim Italiener, sondern auch als Beigabe hauptsächlich zu *Tacos* und Grillgerichten serviert. Als *Appetizer* wird sie zumeist mit gerösteten *Tortilla*-Chips angeboten, mit denen man die Salsa „löffeln" kann.

Zutaten:

2-3 feste Tomaten	je 1-2 dl Oliven- und Sonnenblumen- oder Rapsöl
2 Zwiebeln	½ TL frisch gemahlener weißer oder schwarzer Pfeffer
1 Bund frischer Koriander	1 Schote Chili oder Peperoni, ersatzweise Tabasco-Soße *
1 Esslöffel Zitronensaft	½ bis 1 ganze Knoblauchzehe, je nach Geschmack und Größe

* Tabasco-Soße gibt es in zwei Varianten: Eine rote, die feuriger, und eine grüne, die etwas milder ist. Wir ziehen in diesem Fall die grüne Variante vor; aber das ist Geschmackssache.

Zubereitung:

Zunächst eine Anmerkung zum Öl: Selbstverständlich kann man auch nur Olivenöl nehmen. Je nach Herkunft kann aber *natives*, d.h. naturbelassenes und kaltgepresstes, Olivenöl (*„vergine" oder „extra vergine"*) einen leicht bitteren Nebengeschmack haben, der nicht jedermanns Sache ist. Deshalb der Vorschlag, zur Hälfte solches Oliven- und zur anderen Hälfte geschmacksneutraleres Sonnenblumen- oder Rapsöl zu nehmen, welches das Bittere wieder abmildert.

Öl, Zitronensaft, Pfeffer und die gepresste Knoblauchzehe in eine Schüssel geben und vermischen. Tomaten waschen, in etwa ½ cm dicke Scheiben und diese dann in Würfelchen schneiden. Ebenso Zwiebeln häuten und in kleine Würfelchen schneiden. Frischen Koriander und die Chili-Schote fein hacken. Dies alles in das zubereitete Öl geben und kräftig miteinander vermischen. Gegebenenfalls je nach Geschmack noch ein wenig nachwürzen.

Guacamole
4 Portionen

Im Wesentlichen trifft das zuvor zur Salsa Gesagte auch für die Guacamole zu. Der Name ist übrigens eine Kombination von *Aguacate (bzw. Ahuacatl)* [1], dem aztekischen Namen für den Avocado, der seinerseits wiederum nichts mit einem Winkeladvokaten zu tun hat, sondern lediglich die spanische Verballhornung des aztekischen Namens ist, und *Mole,* dem aztekischen Wort etwa für Brei oder Mus. Stilgerecht ist natürlich wiederum das Löffeln mit Tortilla-Chips. Stattdessen kann man aber durchaus auch Cracker nehmen.

Zutaten:

1 - 2 Avocados	Saft von ½ Zitrone
¼ l Milch	½ Schote Chili oder Peperoni, ersatzweise Tabasco-Soße
⅛ l Sahne	½ Bund frischer Koriander
	½ bis 1 gepresste Knoblauchzehe

Zubereitung:

Zunächst: Die Avocados sollten nicht zu hart sein, sondern bei der Daumenprobe gerade mal so ein bisschen „nachgeben", wie etwa ein schon etwas schlapper Tennisball. Ferner: für unseren Geschmack sind Avocados des Typs *„Hass"* (das sind diejenigen mit einer etwas dunkleren, „noppigen" oder „warzigen" und härteren Schale) in Konsistenz und Geschmack (sie sind etwas „nussiger") besser geeignet als die weitaus verbreitetere Sorte *„Fuerte"* mit der dünneren, glänzend grünen Schale.

Die Chili- oder Peperonischote sehr fein, den Koriander fein hacken. Avocados (1 großer oder 2 kleine) halbieren und das Fruchtmark mit

---

1 Hierzulande spricht man wegen ihrer Form gelegentlich auch von Avocado*birnen.* Jedoch auch botanisch handelt es sich keineswegs um Birnen, sondern um eine Lorbeerart. Das aztekische Ursprungswort bedeutet aus dem gleichen Grund, d.h. wegen der Form, vielmehr *Hoden.* Das soll uns aber bitteschön nicht den Appetit verderben, sondern bestenfalls ein wenig schmunzeln lassen.

einem Esslöffel herausschälen. Dies und die übrigen Zutaten in einen Mixer geben oder mit dem Schnellmixstab vermusen und anschließend durch ein Haarsieb passieren.

In die Avacadocrème den Kern eines Avocados geben: Dies verhindert, dass sie braun und unansehnlich wird.

Dips

Sehr beliebt sind auch Dips, in die man z.B. Tortilla-Chips oder Cracker sowie rohes Gemüse wie Karotten, Stangensellerie, Radieschen, Salatgurkenstifte und dergleichen tunken kann. Etwas Besonderes ist es natürlich, wenn man anstelle von gekauften selbstgemachte Dips anbietet. Das ist eigentlich auch gar nicht schwierig. Schauen Sie weiter unten auf Seite 43 unter den Soßen für Shrimps nach. Diese Rezepte gelten auch für die Dips. Man lässt lediglich die „Verdünnung" mit Milch und/oder Sahne weg.

Small Talk

Inzwischen sind nun alle Gäste eingetroffen und wir können zu Tisch bitten. Bevor wir dafür zunächst einige Vorspeisen und Salate vorstellen, noch ein kurzes Wort zum *small talk*, den wir gerade eben beim Aperitif und den Schnutenkitzlern „gepflegt" haben.

Sehr oft begann solch *kleines Gespräch* - jedenfalls bei Gästen, die uns noch nicht kannten - mit der Frage, ob man Kinder habe, wie alt denn diese seien, in welche(n) Kindergarten/Schule/Uni sie gingen, und - wenn man dann ins reifere Alter vorgerückt ist -, welchen Beruf sie ausübten. Auch später, wenn man sich inzwischen schon kannte, blieben „die Kinder" beliebter Aufhänger fürs Gespräch.

Spätestens dann kommt unweigerlich die Frage, wie lange man schon im Lande sei, wie es einem denn am Dienstort so gefalle, und was man denn schon alles gesehen habe. Dem folgen - was man ganz dankbar aufnimmt - häufig Anregungen und Tipps, welche Sehenswürdigkeiten man sich alle anschauen müsse und wie man am besten dahin kommt. Nach ein, zwei Jahren allerdings ist es dann eher umgekehrt. Genauso wie daheim, wo man schon die eigene Stadt - geschweige denn die Umgebung - nicht so richtig kennt, weil man ja noch so unendlich viel Zeit hat, sie zu erkunden und es deshalb meistens doch immer wieder auf später verschiebt. Vielmehr sind es die Besucher, die einen auf dieses und jenes aufmerksam machen, woran man jahrelang achtlos vorbeigelaufen ist. Und so ähnlich war es dann am Dienstort im Ausland, wenn wir nach einer Weile damit brillieren konnten, was alles wir schon gesehen haben, woran die „Einheimischen" nichts ahnend vorbeigegangen waren.

Schließlich kommt die Frage aller Fragen: wo es einem denn auf all seinen Posten am besten gefallen habe. Während die Mitautorin nur selten eine Mördergrube aus ihrem Herzen machte, sondern frank und frei das für sie schönste, beste Land beim Namen nannte, zeigte sich der Mitautor zurückhaltender und erklärte im Brustton der Überzeugung, dass es ihm zeitlebens immer genau da am besten gefallen habe, wo er sich gerade befinde. Sehen Sie, das ist im Unterschied zur großen die klein geredete Diplomatie! *Small Talk* eben.

Ach ja, natürlich tauscht man sich auch darüber aus, wer gerade mit wem angebandelt oder sich wieder von wem getrennt hat, und „haben Sie schön gehört?", was dieser oder jene neulich mal wieder gesagt, getan oder erlebt hat? Tratsch und Klatsch eben, keineswegs nur immer „hohe Diplomatie". Und nicht zuletzt bleibt einem immer noch das Wetter.

Vorspeisen und Salate

Schwedische Brötchen („Källarfranska")

Sehr oft werden zu Vorspeisen und Salaten eine Scheibe Toastbrot, oder dessen besonders dünne, und fast schon wie Zwieback knusprige Variante namens „Melba," gereicht. In Schweden entdeckten wir kleine, niedliche Brötchen, die dort „Källarfranska" genannt werden. Übersetzt heißt das „Kellerfranzosen". Nun steht im Schwedischen „Franska" auch für „Brötchen", vermutlich, weil die einstmals aus Frankreich dorthin kamen. Was aber der Keller hier zu suchen hat, blieb uns bis heute schleierhaft. Selbst unsere schwedischen Freunde waren trotz intensivsten Nachfragens bis hin zum schwedischen „Lebensmittelamt" (ja, das gibt es dort: *Livsmedelwerket*) nicht in der Lage, eine Erklärung dafür zu finden. Im Internet fanden wir immerhin heraus, dass die Kellerfranzosen im Unterschied zu den gewöhnlichen Franzosen aus Roggenmehl gebacken werden. Tatsächlich haben wir sie aber immer nur aus normalem Weizenmehl und nicht aus Roggenmehl gebacken angeboten bekommen, obwohl das bestimmt auch geht und ebenfalls lecker ist. Aus Weizenmehl sind sie als Beigabe zu einer Vorspeise nach unserem Geschmack besser geeignet, weil ohne den intensiveren Eigengeschmack des Roggens. Jedenfalls sind diese kleinen Bällchen zur Vorspeise immer etwas Besonderes. Unser Rezept ist für etwa 30 Stück angelegt. Wenn man nicht so viele braucht (sie sind aber auch noch am nächsten Tag für das Frühstück sehr lecker, z.B. mit Butter und Honig), dann kann man entweder die Zutaten halbieren, oder die übrig gebliebenen „Franzosen" einfach einfrieren und bei Bedarf wieder auftauen und kurz aufwärmen.

Zutaten:

75 g Butter
50 g frische Hefe
2 Teelöffel Salz

½ Liter Milch
1 Packung Mehl
2 Teelöffel Zucker

Zubereitung:

Die Butter in einem Topf schmelzen lassen und dann die Milch darüber gießen. Auf Handwärme (Fingertest) erwärmen. Die Hefe in eine Rührschüssel geben und zerbröseln. So viel lauwarme Milch drüber geben, bis die Hefe aufgelöst ist. Danach den Rest dazugeben.

Salz und Zucker darüber streuen und etwa ein Drittel des Mehls einrühren bis der Teig glatt, zäh und doch noch geschmeidig ist. Er ist fertig, wenn er sich vom Rand der Schüssel lösen lässt. Den Teig zugluftgeschützt etwa 30 bis 60 Minuten gehen lassen, bis er etwa das Doppelte seines ursprünglichen Volumens erreicht hat.

Sodann den Teig auf ein leicht mit Mehl bestäubtes Brett geben und den Rest des Mehls so lange einkneten, bis er nicht mehr an Brett und Hand klebt.

Daraus dann kleine, kugelige Brötchen formen und diese nochmals etwa 30 Minuten gehen lassen.

Die Brötchen schließlich in etwas Mehl wenden und auf ein eingefettetes Backblech legen. Bei ca. 225°C 10 – 15 Minuten backen. Jedenfalls sollen sie goldgelb bis leicht bräunlich sein.

Am besten schmecken sie natürlich frisch aus dem Ofen.

Geräucherter oder Gravlachs

Eine der simpelsten Vorspeisen, die aber immer gut ankommt, auch wenn das heutzutage mit all dem preiswerten Zuchtlachs, den man sogar bei Discountern von Aldi bis Lidl bekommt, eigentlich gar nichts Besonderes mehr ist. Deshalb sollte man vielleicht lieber einen Euro oder auch mal zwei drauflegen und statt des Allerwelts-Zuchtlachses z.b. einen Wildlachs oder einen edleren schottischen oder irischen Räucherlachs anbieten. Dann kommt es nur noch darauf an, ihn hübsch auf den Teller zu drapieren und - etwa den Gravlachs mit Dillzweigen - zu garnieren. Geschmacklich kann man das dann noch mit einer Soße oder Meerrettichsahne aufpeppen.

Gravlaxssås:

Wie der Name schon besagt, passt diese Soße nach Schwedenart am besten zum Gravlachs, durchaus aber auch zu einem „normalen" Räucherlachs. Sie ist ganz einfach zuzubereiten:
1 Esslöffel (EL) Senf und 2 EL Essig, zu dem tröpfchenweise 2 EL (evtl. mehr) Speiseöl (möglichst geschmacksneutral, also Raps oder Sonnenblume) eingerührt werden. Mit Dill und Pfeffer abschmecken. Und wer es richtig schwedisch mag, kann noch eine Prise Zucker dazugeben.

Meerrettichschaum:

Dieser passt zu fast allen Lachsarten außer dem Gravlachs und ist ebenfalls schnell und einfach zubereitet:
¼ Liter Sahne, 1 Prise Zucker, 3 Esslöffel geriebenen Meerrettich (gibt es auch fertig in kleinen Gläschen zu kaufen), 1 Teelöffel Zitronensaft, Salz und gemahlener weißer Pfeffer. Die Sahne mit etwas Zucker steif schlagen und sodann den Meerrettich und die Gewürze mit einschlagen (Vorsicht: nicht zu lange weiterschlagen, sonst wird Meerrettichbutter daraus!).

Eine Alternative wäre, den Meerrettich in eine selbst gemachte Mayonnaise (Rezept Seite 42), zu mischen.

Gravad Oxfilé

Der Gravlachs ist – wie zuvor gesagt – auch in Deutschland bekannt und beliebt. Nicht aber das gravad Oxfilé, das nach einem ähnlichen Verfahren zubereitet wird und nichts Anderes ist als nach schwedischer Art gebeiztes Rinderfilet. Eigentlich ist es in Schweden ein Hauptgericht und nicht nur Vorspeise. Dort wird es nämlich gewöhnlich mit Salzkartoffeln oder einem Kartoffelgratin gegessen, der genau so zubereitet wird, wie Jansons Frestelse (siehe Seite 94), nur ohne die Heringe. Wir entdeckten darin aber so etwas wie ein schwedisches Carpaccio und haben es immer nur so als Vorspeise angeboten.

Zutaten:

500g Rinderfilet	1 Esslöffel schwarzer Pfeffer
1/2 dl Salz	1 dl feingehackter Dill
1/2 dl Zucker	Senf, Essig und Öl

Zubereitung:

Salz und Pfeffer mit Dill mischen. Rinderfilet in der Mischung wälzen und das Meiste davon einklopfen. Das Filet in Alufolie einwickeln und für zwei bis drei Tage (am besten drei) in den Kühlschrank legen. Wenn etwas Saft herausläuft, ist das normal. Das Filet jeden Tag einmal umdrehen. Vor dem Servieren den Dill und die Gewürze entfernen. Das Fleisch in möglichst dünne Scheiben schneiden, und diese mit ein paar Dillzweigen garniert auf einem Teller servieren. Ein Tipp noch: Um das Schneiden zu erleichtern, empfiehlt es sich, zuvor das Filet etwa eine Stunde ins Tiefkühlfach zu legen, sodass es gerade so ein bisschen angefroren und deshalb etwas fester ist.

Dazu wird wie zum Gravlachs eine Senfsoße, wie auf der Vorseite als Gravlaxsås beschrieben, gereicht.

Shrimps & Co

Shrimps, Prawns, Scampi, Gambas, Krevetten, „Krabben" (wie die Dinger fälschlicherweise auch genannt werden) und wie sonst noch diese Garnelen bezeichnet werden, sind in den verschiedenen Varianten als Vorspeise natürlich stets ein „Renner" und als solcher im Prinzip fast schon „Standard". Aber auch hier gilt deshalb: Der Pfiff kommt vom Würzen und/oder der Präsentation.

Shrimps - Cocktail

Dies ist die gängigste und eigentlich auch einfachste Form der Zubereitung. Da Shrimps&Co meist in Cocktailgläsern oder Sektschalen serviert werden, nimmt man hierfür am besten die kleineren Varianten. Aber bitte nicht die aus dem Glas, die eigentlich kaum nach etwas anderem „schmecken" als nach der Lake, in der sie eingelegt sind. Sondern wenigstens die tiefgefrorenen, die aber zuvor aufgetaut und dann mit einem Papier-Küchentuch sorgfältig trocken getupft sein sollten. Zum Anrichten werden die Gläser üblicherweise mit Blättern vom Kopf- oder Eisbergsalat ausgelegt, die Garnelen darauf geschichtet und mit ein paar Tropfen Zitronensaft beträufelt. Das Ganze wird dann mit einer Soße auf Mayonnaisen-Basis übergossen und mit einem Zweig Dill oder krauser Petersilie garniert.

Wie wäre es also, wenn man zur Abwechslung einmal keine fertige, sondern eine selbst gemachte Mayonnaise verwendet? Das geht nämlich ganz einfach, wenn man es richtig macht.

Mayonnaise/Aioli

Zutaten:

2 Eigelb	1 Messerspitze gemahlenen weißen Pfeffer
1 Teelöffel Dijonsenf,	1 Teelöffel Zucker
1 Esslöffel Essig	Oliven- oder Sonnenblumenöl

½ Teelöffel Salz ½ Knoblauchzehe
1 bis 2 Teelöffel Zitronensaft

Zubereitung:

Richtig machen heißt zunächst einmal, dass das Ei nicht aus dem Kühlschrank kommen darf, sondern Zimmertemperatur haben muss.

Eigelb, Senf, Essig, Salz, Pfeffer und Zucker in ein hochwandiges Gefäß geben und mit dem Schneebesen eines Handmixgerätes auf niedriger Stufe, jedenfalls nicht zu schnell, kurz aufschlagen. Sodann unter sehr langsamer Zugabe des Öls in einem möglichst dünnen Strahl weiterschlagen, bis die gewünschte cremige Konsistenz erreicht ist. Die Menge des Öls entscheidet, wie „dick" oder „flüssig" die Mayonnaise wird. Zum Schluss noch den Zitronensaft untermischen.

Durch Zugabe einer ausgepressten ½ (oder auch einer ganzen, wenn man es etwas „heftiger" mag) Knoblauchzehe wird aus der Mayonnaise flugs ein Aioli.

Soßen

Auf der Grundlage von Mayonnaise, gleich ob aus dem Glas oder selbstgemacht, kann man nach dem Muster der Variationen für die Butternutsuppe (Seite 66) eine Reihe von verschiedenen Soßen machen. Dazu sollte zunächst einmal die eher etwas dicke Mayonnaise ein wenig mit crème fraiche, Schmand oder Sauerrahm, für Gesundheitsbewusste auch mit Joghurt „verlängert", und mit Milch oder Sahne so weit verdünnt werden, bis sie zähflüssig ist. Danach geht es dann ans Würzen:

„*Thousand Islands*", der Klassiker solcher Soßen wird einfach nur mit einem Esslöffel Tomatenketchup und je ½ Teelöffel Paprikapulver (scharf oder süß, je nach Geschmack) und gemahlenem weißen Pfeffer gewürzt.

„*Indisch*" mit etwas Curry-Puder abschmecken.

„Mexikanisch" mit etwa einem Teelöffel frisch gehacktem Koriander und einigen Spritzern Tabasco oder einer Teelöffelspitze getrockneter oder frisch gehackter Chili vermischt.

„Chinesisch" mit einem Spritzer Sojasoße, etwas geriebenem Ingwer (ca. 2 cm) und einer Teelöffelspitze Chinagewürz.

„Thailändisch" mit einem Teelöffel frisch gehacktem Thai-Basilikum und ein wenig sehr fein gehacktem Zitronengras. Wer es etwas schärfer mag, kann noch eine Messerspitze handelsüblicher thailändischer Currypaste (gibt es mit unterschiedlichen Geschmacksnoten in grün, gelb oder rot) zugeben.

„Italienisch": Auf der Basis von Aioli je nach Geschmack einen halben Teelöffel fischgehacktes Basilikum und/oder Salbei und/oder Oregano zugeben.

„Provenzalisch" wird es - ebenfalls auf Aioli-Basis - mit einen knappen halben Teelöffel frisch gehacktem Rosmarin und Thymian und wer es mag auch Fenchel.

Garnelen in Avocado

Statt in einem Cocktailglas oder einer Sektschale kann man den oben beschriebenen Shrimp-Cocktail auch in einer Avocadohälfte servieren. Avocado (vgl. hierzu Seite 33) halbieren, Kern ausheben, ein paar Tropfen Zitronensaft in die Mulde träufeln und mit Shrimp-Cocktail wie oben beschrieben auffüllen.

Gambas al ajillo
4 – 6 Portionen

Seit unserer Zeit in Mexiko definitiv eine unserer Lieblings-Vorspeisen, oder in größeren Portionen durchaus auch mal als Hauptspeise, wenn es mal etwas schneller und trotzdem lecker sein soll. Kennen gelernt haben wir diese Art der Zubereitung in einem Straßenrestaurant im Nobel-

Einkaufsviertel von Mexiko-Stadt, der *Zona rosa*, und zwar im *Perro Andaluz*, dem andalusischen Hund, der zum Endziel unserer Samstagsbummel wurde. Als wir sie das erste Mal bestellt hatten, waren wir fasziniert von den vielen weißen Blättchen, die wir dem Augenschein nach für Mandeln hielten. Es war aber Knoblauch!

Wenn man die Gambas „stilgerecht" machen will, braucht man eigentlich so etwas wie Tisch- oder Servierpfännchen, möglichst hochwandig, um jede Portion einzeln zubereiten zu können. Die gibt es in gut sortierten Haushaltswarengeschäften. Brauchbar sind z.b. ganz simple, schwarze Stahlpfännchen mit etwa 15 cm Durchmesser, die relativ leicht und preiswert erhältlich sind. Gelegentlich werden sie auch als „Blini"-Pfännchen angeboten. Schicker - und natürlich auch etwas teurer - sind gusseiserne Servierpfännchen aus Frankreich.

Wenn dies nicht zur Verfügung steht, kann man natürlich das Ganze in einer großen Pfanne zubereiten und dann auf kleine, flache, im Backofen zuvor auf etwa 100° erhitzte, feuerfeste Steingut-Schälchen, wie man sie z.B. für crème brûlée verwendet, verteilen.

Zutaten:

250g tiefgefrorene Tiger-Garnelen	1- 2 Chilischoten oder getrockneter Chili
2 Knoblauchzehen	Olivenöl
	Baguette

Zubereitung:

Garnelen auftauen und mit Papier-Küchentuch trockentupfen.

Chilischoten sehr fein hacken. Wenn man es nicht all zu scharf mag oder verträgt, sollte man sie zuvor halbieren und die Kerne entfernen.

Knoblauchzehen schälen und in dünne Scheiben schneiden. Diese können noch halbiert oder geviertelt werden, je nachdem wie intensiv man den Knoblauchgeschmack wünscht (je kleiner die Stückchen, desto intensiver).

Pfännchen etwa fingerhoch mit Olivenöl füllen und dieses bis fast an den „Rauchpunkt" erhitzen. Garnelen zugeben. Das brutzelt dann ziemlich mächtig, weshalb man es wegen der Feuergefahr keinesfalls auf Gas- sondern ausschließlich auf Elektroherden erhitzen sollte. Zunächst wird das Öl leicht trübe von dem noch in den Garnelen enthaltenen Wasser. Sieht fast wie geschmolzene Butter aus. Wenn sich das Öl nach etwa ein bis 2 Minuten wieder zu klären beginnt, pro Portion je eine Teelöffel- spitze vom vorbereiteten Knoblauch und dem gehackten Chili (bzw. ½ Teelöffel getrockneter Chili aus dem Gewürzglas) zugeben. Mit Holz- kochlöffel kurz umrühren und abwarten, bis das Öl wieder ganz klar ist.

Direkt vom Herd brutzelnd auf den Tisch (oder eben in die Steinguts- chälchen). Dazu Baguette oder Ciabatta servieren, mit dem man auch das Öl auftunken kann.

Tipp: Wie wäre es mit einem mexikanischen Bier dazu? „Corona" gibt's mittlerweile auch in Deutschland sogar in Supermärkten!

Lachs - Kartoffel - Pastete

Dieses Rezept ist zwar ziemlich aufwendig und auch mengenmäßig eher für eine größere Tafel berechnet. Aber wenn man die Mengen nicht halbieren will: Die Pastete schmeckt auch am nächsten Tag noch vorzüglich!

Zutaten:

8 Blatt weiße Gelatine	5 Esslöffel Weißwein
6 mittelgroße Kartoffeln (ca. 500 g)	2 Esslöffel geriebener Meerrettich
Salz	100 g Butter
8 Porreestangen	frisch gemahlener Pfeffer
Fett für die Form	1 Becher Crème fraîche (200 g)
300 g geräucherter Lachs	2 Tabletts Kresse

1 Bund Schnittlauch

Zubereitung:

Zunächst die Gelatine in kaltem Wasser einweichen. Die Kartoffeln mit Schale 20 Minuten in Salzwasser kochen. Den Porree putzen, waschen und in reichlich Salzwasser 5 Minuten kochen. In Eiswasser abkühlen lassen.

Sodann drei Stangen Porree vorsichtig auseinander blättern und eine gefettete Ring- oder Kastenform (1½ Liter) so damit auskleiden, dass die Streifen etwa 5 cm über den Rand hängen.

Den übrigen Porree sehr fein schneiden und in eine große Schüssel geben. Die Kartoffeln pellen und fein darüber reiben. Den Lachs in feine Würfel, den Schnittlauch in Ringe schneiden und beides dazugeben.

Danach die Gelatine in heißem Wein auflösen. Meerrettich, flüssige lauwarme Butter, Salz, Pfeffer, cème fraîche in die Schüssel zum Lachs geben. Gelatine unterrühren.

Die Farce in die vorbereitete Form füllen und mit dem überhängenden Porree abdecken. Am besten über Nacht, mindestens jedoch fünf Stunden im Kühlschrank fest werden lassen.

Auf eine Platte stürzen und mit geschnittener Kresse garnieren. Zum Anschneiden ein großes scharfes Messer nehmen und vor jeder neuen Scheibe die Schneide kurz in heißes Wasser tauchen, damit die Pastete nicht festklebt.

Amerikanischer Salat
6 – 8 Portionen

Dieser Salat ist bei uns stets der „Renner". Fast jeder, der ihn noch nicht kannte, fragte nach dem Rezept. Trotz seines Namens kennen wir diesen Salat nicht aus den USA, sondern haben das Rezept von einer Nachbarin und Freundin in Südafrika bekommen. Uns war es bei ihr ebenso gegangen wie später unseren Gästen: Wir wollten es unbedingt haben. Aber es ist wirklich ein amerikanisches Rezept. Und unsere Freundin Erika hatte es von ihrer Tochter Karin, die ein Jahr als Austauschschülerin in den USA verbracht und es von dort mitgebracht hatte.

Auch hier sind die angegeben Mengen an sich für eine große Tafel. Gegebenenfalls sollte man also die Zutaten halbieren. Unsere Erfahrung ist jedoch, dass dieser Salat überraschend gut auch einen Tag im Kühlschrank überdauert und erstaunlich knackig bleibt. Wenn also etwas übrig bleiben sollte (angesichts seiner Beliebtheit eher unwahrscheinlich!): Macht auch nichts.

Zutaten:

Für den Salat:
1 Eisbergsalat
Stangensellerie, kleingeschnibbelt
je 1 rote, grüne, gelbe Paprikaschote, gewürfelt
1 Packung tiefgefrorene Erbsen
(am besten petits pois)

1 Bund Frühlingszwiebeln
100 g geriebener Cheddar-Käse
½ Bund gehäckselte Petersilie

Ca. 100 g ausgelassener durchwachsener Speck (in Stückchen/Würfel geschnitten)

Für die Soße:
2 Esslöffel Mayonnaise mit Milch glatt rühren, etwas Zucker beigeben.

Zubereitung:

Alle Zutaten schichten. Der Salat kann deshalb, wenn nötig, auch schon am Tag vor dem Verzehr vorbereitet werden. Vor dem Servieren die Soße übergießen und den Salat mischen.

Salade Niçoise
4 – 6 Personen

Zutaten:

Für den Salat
 1 kleines Paket tiefgekühlte Bohnen
 1 Kopfsalat
 4 feste Tomaten
 Etwa ½ Salatgurke
 Je 1 rote und grüne Paprikaschote
 2 hart gekochte Eier
 6 Sardellenfilets
 8 schwarze Oliven

Für die Soße:
 2 Esslöffel Weinessig
 2 Esslöffel Zitronensaft
 ½ Teelöffel Senf, Salz, Pfeffer
 6 Esslöffel Olivenöl
 Petersilie, Estragon

Zubereitung:

Das Wesentliche ist hierbei zunächst, dass dieser Salat nicht schon angerichtet auf den Tisch kommt, sondern die Salatsoße erst beim Servieren darüber gegossen wird.

Die Bohnen in wenig Wasser etwa 20 Minuten garen (in der Mikrowelle geht das bei höchster Stufe auch schon in etwa 5 - 7 Minuten) und danach im Sieb abtropfen lassen.

Kopfsalat waschen und trocknen.

Petersilie und Estragon waschen, trocknen und fein hacken.

Sardellenfilets unter fließendem Wasser spülen, trocknen und aufrollen.

Tomaten in Viertel oder, wenn sehr groß, auch Achtel und die halbe

Salatgurke mit Schale in dünne Scheiben schneiden.

Paprikaschoten halbieren, Kerne beseitigen und waschen. Die roten Schoten quer und die grünen längs (oder nach Belieben auch umgekehrt) in Streifen (quer etwas feiner, längs etwas breiter) schneiden.

Hart gekochte Eier schälen und vierteln.

Für die Soße werden zunächst Essig, Zitronensaft, Senf, Salz und Pfeffer verrührt und sodann tröpfchenweise das Olivenöl darunter geschlagen, bis die Soße leicht andickt. Zum Schluss die fein gehackten Kräuter dazugeben.

Eine möglichst breite, flache Glasschüssel zunächst mit den Kopfsalatblättern auslegen und auf diese sodann segmentweise abwechselnd Tomatenviertel, Gurkenscheiben, die Bohnen und die Paprikastreifen aufschichten. Zuoberst in die Mitte sternförmig die Eierviertel, dazwischen die Sardinen und die Oliven legen.

Wie bereits eingangs gesagt: Salat und Soße separat servieren und erst am Tisch die Soße mit einem Soßenlöffel über seine Portion gießen.

Spinatsalat
6 – 8 Portionen

Der Spinatsalat war an unserem Tisch beinahe der gleich Erfolg wie der weiter oben vorgestellte amerikanische Salat. Und dabei ist er ganz simpel.

Zutaten:

250 g frischer Spinat	Je ½ - 1 dl Olivenöl und Sonnenblumenöl
150 g frische Champignons	1 Esslöffel Essig oder Zitronensaft
125 g Speckwürfel	frisch gemahlener schwarzer Pfeffer

1 Esslöffel frisch gehackte oder tiefgefrorene Salatkräuter

Zubereitung:

Die Speckwürfelchen in einer kleinen Pfanne auslassen, bis sie kross sind.

Spinat waschen und abtropfen lassen. Champignons gegebenenfalls mit einem Bürstchen säubern und dann längs in Scheiben schneiden. Am einfachsten und schnellsten geht das übrigens mit einem stabilen Eierschneider.

Je nach Geschmack Zitronen- bzw. Limettensaft oder Essig (am besten Balsamico!) mit ½ Teelöffel frisch gemahlenem Pfeffer und den Kräutern in einer Salatschüssel mischen. Salz ist nicht nötig, da die Speckwürfel bereits salzig sind.

Zunächst die Champignonscheiben in die Schüssel geben und die Salatsoße darüber gießen. So können die Champignons schon einmal „durchziehen". Darüber dann die Spinatblätter und obendrauf die krossen

Speckwürfelchen geben.
Erst unmittelbar vor dem Servieren alles vermischen, damit die Spinatblätter schön knackig bleiben.

Kochen oder doch nur Essen für Deutschland?

Oder: By mistake, Madam

Nachdem wir uns nun zunächst beim *small talk* unser Mäulchen amüsiert, die Vorspeise zu uns genommen und hoffentlich auch genossen haben, wollen wir nun einmal ein anderes weit verbreitetes Klischee über Diplomaten aufgreifen und etwas aus unserem Alltag in jenen Jahren berichten. Es handelt sich um die Vorstellung, die Diplomaten hätten stets ein Heer vom Staat, also dem Steuerzahler, entlohnter dienstbarer Geister um sich, die für sie waschen, bügeln, putzen, gärtnern und eben auch kochen, damit die Dame des Hauses sich sonnenbadend am heimischen Swimmingpool mit einem tropischen Cocktail von den Anstrengungen des Golfens, der Bridge-Runde oder von der anstrengenden Party am Vorabend erholen kann.

Wenn dem so wäre, dann gewiss nicht weltweit. Zumindestens in Europa und Nordamerika, aber zunehmend auch in anderen Teilen der Welt, ist die legale Beschäftigung von Hauspersonal inzwischen nämlich so teuer geworden, dass sie den größten Teil der Aufwandsentschädigung aufbrauchen würde. Für den eigentlichen Zweck solcher Entschädigung, eben die Beköstigung von Gästen, bliebe kaum noch etwas übrig. Infolgedessen kann man in diesen Ländern bestenfalls für eine einzelne Einladung (etwa einen großen Empfang oder Cocktail) Leihpersonal oder einen Catering-Service engagieren, wenn man denn eben nicht doch selbst kocht. À propos Aufwandsentschädigung: Die ist keineswegs so üppig, wie das oft vermutet wird. Da stehen schon der Bundesrechnungshof und der Haushaltausschuss des Bundestages davor! Zudem sind die Berechnungsgrundlagen dafür zumeist schon ein paar Jahre alt, was den Spielraum vor allem in Ländern mit hoher Inflationsrate (und das sind nicht wenige!) spürbar einengt. Unter dem Strich ergibt sich daraus, dass sich eher nur Botschafter an großen Vertretungen ständiges Hauspersonal und an den ganz großen Botschaften vielleicht sogar einen professionellen Koch leisten können. Die weitaus größte Mehrheit der Diplomaten hingegen muss schauen, wie sie zurechtkommt. Und da heißt es oftmals: Selbst Hand anlegen und neben Golf- und/oder Tennisschläger auch den Kochlöffel schwingen! Bei uns war das jedenfalls so, bisweilen bis hin zu Mittag- oder Abendessen für zwei Dutzend Gäste oder auch ein, zwei, drei mehr.

Andererseits wäre es eine unzulässige Untertreibung, wenn man nun behauptete, dass es im Ausland kaum noch üblich sei, Hauspersonal zu haben. In der sogenannten „Dritten Welt" ist das durchaus noch üblich. Es fragt sich aber leider allzu oft, ob solche Haushalts- und Gartenhilfen wirklich eine Hilfe sind. In den meisten Fällen muss man sie nämlich erst einmal anlernen. Und wenn man nach manchen Fehlgriffen endlich das Glück hatte, ein einigermaßen zuverlässiges „Team" (das zumeist aber nur aus einer Haushaltshilfe und gegebenenfalls einem Gärtner besteht) beisammenzuhaben, muss man auch schon bald wieder auf den nächsten Posten weiter ziehen. Weitergabe an bzw. Übernahme vom Nachfolger ist selten möglich, denn zwischen Abreise des Vorgängers und Anreise des Nachfolgers klafft häufig eine mehr oder weniger lange Lücke. Die ist dem „Personal" zumeist zu lange, weshalb es sich anderswo einen Job sucht.

Solches Anlernen kann bisweilen recht mühsam sein. Bis hin zu dem Erlebnis, dass es eines Morgens z.B. keinen Tee gibt. Warum? Tee ist alle. Wie das? Weiß nicht, gestern war doch noch Tee da! Es hat ziemlich lange gedauert, bis unsere „Perle" so weit war, „Tee" auf einen Notizblock für die Einkaufsliste zu schreiben, wenn sie bemerkte, dass er in der Dose zur Neige ging. Letztlich blieb es doch zuverlässiger, immer wieder selbst nachzuschauen, welche Vorräte zu Ende gehen. Und so war das auch mit dem Kochen. Für sehr viel mehr als Spaghetti Bolognaise haben die Kochkünste selten gereicht. Und das Aufschreiben von Rezepten war ähnlich mühsam und wirkungslos wie das Aufschreiben von zu Ende gehenden Vorräten.

    Also: Gekocht wurde dann doch selbst, vor allem für die Einladungen. Aber immerhin: Für das Waschen und Schnibbeln des Gemüses und ähnliche Handreichungen war es dann doch eine Hilfe.

Oder Bügeln: So schnell wie mit Haushaltshilfe waren Manschetten und Kragen von Hemden und Blusen nie verschlissen oder mit der Bügeleisenspitze durchlöchert. Von einfach weggebügelten Knöpfen ganz zu schweigen. Egal in welchem Land.

Ach, je, selbst das simple Geschirrspülen. Auf einem Posten haben wir schließlich beschlossen, dass wir unser Geschirr auch selbst zerdeppern können, und entnervt ganz auf eine Haushaltshilfe verzichtet. Danach haben wir es auf weiteren Posten gleich gar nicht mehr mit Haushaltshilfen versucht. Und wenn wir denn auch einmal selbst etwas zerdeppern, dann sagen wir wie weiland unsere Perle: „Oh, by mistake, Madam".

Unsere „Gärtner" konnten meist auch nicht mehr als Rasenmähen, Rasenkanten stechen, Laub kehren. Schon Unkraut jäten war gefährlich, weil dabei auch so manches Küchenkraut (wo genau liegt auch der Unterschied zwischen Schnittlauch und Gras?) mit entsorgt wurde. Ja, und natürlich Auto waschen – das konnten sie lust- und hingebungsvoll. Rosen und Sträucher schneiden, Garten gestalten blieb uns selbst überlassen. Aber es macht ja auch Spaß. Auf einem Posten aber gelang es uns immerhin, den Gärtner sozusagen zum Kellner ausbilden zu lassen. So konnte er dann auch Speisen anreichen und Getränke einschenken, auch wenn er immer wieder vergaß, was von rechts und was von links angereicht oder abgetragen wird. Schwierig war das auch z.B. mit Weißwein, den wir zumeist in einer trockenen und einer lieblicheren Variante anboten. Da kam es schon einmal vor, dass unser Steward bei seinen Nachschenkrunden völlig ungerührt nicht nur herben zu lieblichem (oder umgekehrt) in die Gläser der Gäste nachschenkte, sondern gegen Ende der Veranstaltung in der Küche vor der letzten Runde auch noch die Reste in den Flaschen zusammengoss, um nicht noch eine neue öffnen zu müssen. (Sollte er intuitiv gespürt haben, dass sein Arbeitgeber Schwabe ist, wäre er gleichwohl falsch gewickelt gewesen, denn so sparsam ist der ausnahmsweise gar nicht!)

Andererseits können Haushaltshilfen so manches lehrreiche Abenteuer verschaffen. Das fängt schon mit dem bürokratischen Marathon an, der erforderlich sein kann, wenn man bei der Anstellung diesseits der Legalität bleiben will. Wie bereits angedeutet: In nordamerikanischen oder europäischen Staaten kann man sich selbst eine stundenweise engagierte Raumpflegerin fast nur noch aus „Billiglohnländern" leisten. Beispiel Schweden. Da hatten wir eine Philippina gefunden, die zwar schon einige Jobs bei verschiedenen anderen Diplomaten, aber - aus welchen Gründen auch immer - noch keine formelle Arbeitserlaubnis, sondern nur ein Besuchervisum hatte. Die wollten wir ihr also verschaffen. Das Besuchervisum konnte aber trotz Beschäftigungszusage (auch von mehreren Arbeitgebern) nicht vor Ort in eine Arbeitserlaubnis umgewandelt werden (diplomatische „Privilegien" hin oder her!). Stattdessen musste die Gute dafür erst einmal (auf unsere Kosten natürlich) wieder ins Ausland reisen und dort auf einem Konsulat ein Arbeitsvisum abholen. Wir schickten sie also zu Freunden nach Hamburg, die mit ihr zum dortigen Konsulat gingen, um das Papier zu beschaffen. Die einzige „Erleichterung" war, dass die Genehmigung zur Visaerteilung von Stockholm aus bereits da war, und das Ganze deshalb in nur einem Tag statt ein paar Wochen abgewickelt werden konnte. Zur Ehre Schwedens muss noch vermerkt werden, dass solche Komplikationen nicht für dieses schöne Land spezifisch, sondern weltweit übliche Praxis in „Einwanderungsländern" (auch bei uns in Deutschland!) sind. Diese Praxis ist sinnvoll und durchaus nachvollziehbar, um Missbrauch durch sogenannte Wirtschaftsflüchtlinge zu verhindern.

Richtig abenteuerlich war z.B. die Geschichte der Rückholung der „entführten" Tochter unserer Perle Elizabeth. Das war in Südafrika und kam so: Die gute Frau war im Laufe der Jahre mit verschiedenen Männern verheiratet (oder auch nicht); von denen sie jeweils ein Kind hatte. Zuletzt aber war sie mit einem Thomas verheiratet, von dem sie zwar kein Kind, aber sich wieder getrennt hatte. Der verzog sich also, nahm dabei aber Elizabeths jüngste Tochter mit in sein Dorf mit, vermutlich als Pfand für das seinerzeit landesüblich gezahlte *Lobola* (Brautgeld). Jedenfalls bat uns Elizabeth eines Tages in Tränen aufgelöst, ob wir ihr dabei helfen könnten, ihre entführte Tochter wieder zurückzuholen. Unsere Entscheidung erleichtert hatte schließlich die Versicherung Elizabeths, dass auch ihre „Schwiegereltern" auf ihrer Seite stünden. Wir warteten also ein Datum ab, an dem der Ex nicht zu Hause war, und machten uns mit dem Auto auf den Weg. Navis gab es damals, in den Siebzigern, noch nicht und auch die Landkarten waren da draußen, mitten in der Savanne, kaum präziser als die Ortskunde von Elizabeth. Aber schließlich fanden wir dann doch das Kaff in einer Gegend, wo sich Warzen- und Stachelschwein Gute Nacht sagen. Und tatsächlich wartete da auch die kleine „Tiny", die von ihren Großeltern für die Reise frisch gewaschen, geölt und fein in ein weißes Kleidchen gesteckt worden war. Wir packten sie also schleunigst in den Wagen und machten uns auf den

Rückweg, auf dem sich zu guter Letzt noch ein Draht auf der Schotterstraße um die Hinterachse des Autos gewickelt und es so zum Stillstand gebracht hatte. Wir schafften es aber, den Wagen wieder flott zu bekommen und kehrten erleichtert wieder zurück.

Nicht lange danach ging dann das Abenteuer noch weiter: Nach einigen Wochen tauchte nämlich der düpierte Ex-Ehemann auf, bedrohte seine Ex-Ehefrau ziemlich übel und begann auf unserem Grundstück zu randalieren. Die Mitautorin mit unseren kleinen Kindern und Elizabeth konnten sich gerade noch rechtzeitig ins Haus flüchten. Elizabeth bat uns inständigst, die Polizei zu rufen, damit sie Thomas in die Klapsmühle verfrachte, denn er sei nicht „richtig im Kopf", was ja auch der Grund für die Trennung gewesen sei. Thomas sei da schon mehrmals gewesen. Da wir selbst ja auch, vor allem aus Sorge um unsere Kinder, ziemlich schockiert von der Randale waren, riefen wir also nolens volens die „*flying squad*", die schnelle Einsatztruppe der Polizei. Nach etwa zwei Stunden (!) „flog" diese Truppe dann endlich ein und führte den armen Thomas, den einer der „Bullen" tatsächlich auch wieder erkannte, ab. Gott sei Dank soll er sich später wieder beruhigt und das „Irrenhaus" wieder verlassen haben.

Diese Geschichte ist gewiss nicht das einzige Abenteuer, das wir so mit unseren „Perlen" erlebten. Es ist aber ein anschauliches Beispiel dafür, dass man hier und da keineswegs rundum gehätschelter diplomatischer Arbeitgeber ist, sondern bisweilen schon eher in die Rolle des Familienberaters und -Managers, wenn nicht sogar des Elternersatzes, seines „Personals" gedrängt wird, und dass es auch deswegen vielleicht besser und einfacher wäre, beim selber kochen für Deutschland zu bleiben.

Wie aber steht es nun mit dem berüchtigten „Essen fürs Vaterland"? Nun, wie in jedem Klischee, so ist auch bei diesem natürlich ein wahrer Kern enthalten. Nur: Aus der anfänglichen Lust wird sehr schnell und nachhaltig eine Last. Die Lust besteht darin, dass man lauter neue Leute (und vielleicht auch Speisen) kennenlernt. Das ist gerade am Anfang auf einem neuen Posten sehr wichtig und nützlich. Zur Last wird es dann aber, weil man danach immer wieder dieselben Leute trifft. Schnell stellt man fest, dass selbst die größten Städte der Welt letztlich nur Dörfer sind, wo jeder jeden kennt - und jeder natürlich über jeden tuschelt und tratscht. Insbesondere auf Empfängen und Cocktailpartys. Und leider kann man sich auch nicht immer aussuchen, wo man hingeht und wo fernbleibt: Schließlich soll man ja sein Heimatland „repräsentieren", muss also Gesicht zeigen und gute Miene zum bösen Spiel machen. Das gilt z.B. auf jeden Fall für die Nationalfeiertage, denn Abwesenheit kann da sehr schnell zu „diplomatischen Verwicklungen" führen. Andererseits: Ganz so überflüssig sind solche Massenveranstaltungen auch nicht. Gerade für die reisende Politprominenz sind sie doch sehr nützlich, weil sie Gelegenheit bieten, sehr schnell und unkompliziert sehr viele Gesprächspartner zu treffen. Wenn das richtig angelegt ist und richtig genutzt wird, kann so eine „Party" durchaus eine Reihe zeitraubender Einzelgespräche ersparen. Und was das Essen auf diesen Veranstaltungen anlangt, so ist das durchaus gemischt: Manchmal gibt es viel und gut, manchmal wenig und schlecht und manchmal auch wenig aber gut. Auf einem unserer Posten z.B. reservierten wir am Nationalfeiertag eines fernöstlichen Landes, für den wir eben Präsenzpflicht hatten, gewohnheitsgemäß einen Platz bei unserem Stammitaliener, weil man auf dem Empfang bestenfalls ein kleines Häppchen ergattern konnte. Wenn das gelang, war es zwar köstlich, aber man blieb eben hungrig. Zudem findet bei solchen Gelegenheiten oftmals tatsächlich die von Reinhard Mey so treffend besungene „Schlacht am kalten Buffet" statt, sodass es einem in dem gierigen Gedrängel ohnehin den Appetit verschlägt und man lieber Reißaus nimmt.

Kommen wir nun zum Reisen durch das Gastland. Das hat zunächst weniger mit dem in der Einleitung zitierten „Tingeln" zu tun, sondern vielmehr damit, dass man ja schließlich sein Gastland kennenlernen muss. Klar, solche Reisen sind zumeist auch mit Essen fürs Vaterland verbunden, denn überall wird man ja zum Essen oder zu einem Empfang, einem Cocktail oder schlicht zu einer „Party" eingeladen, um sich kennenzulernen. Aber auch dabei kann es passieren, dass die Lust zur Last pervertiert. Z.B. als Generalkonsul im Mittleren Westen der USA bekamen wir alsbald das Gefühl, nicht mehr ein solcher, sondern stattdessen nur noch „amtliche deutsche Festsau" zu sein und deshalb eben doch eher nur zu tingeln. In dieser Gegend der USA hatte sich nämlich im 19. Jahrhundert ein Großteil der Einwanderer aus Deutschland angesiedelt. Vermutlich, weil es dort Landstriche gibt, die dem verlassenen deutschen Heimatland recht ähnlich sind. Demzufolge wimmelt es dort nur so vor deutschen Trachten-, Sänger-, Kultur- und sonstigen Vereinen, die vor allem im

Sommer und Herbst (Oktober!) ihre Jahresfeste feiern. Die finden natürlich immer an Wochenenden statt und müssen selbstverständlich vom deutschen Generalkonsul eröffnet werden. Was Wunder, dass uns innerhalb weniger Wochen Bratwürstchen, Leberkäse, Eisbein, Sauerkraut und ähnliche zumeist bavarische Schmankerln keinen Appetit mehr machten! Außerdem: warum eigentlich wird in den meisten Teilen der Welt Deutschland immer wieder nur auf Bayern reduziert, als ob Labskaus oder Maultaschen nicht auch etwas Leckeres und „typisch Deutsches" wären? Aber selbst bei den Schwabenvereinen gab es immer nur „brats", bestenfalls mal einen Zwiebelrostbraten, keinesfalls aber Maultaschen oder Käsespätzle. Selbst die Platt- also norddeutschen Vereine trugen Lederhosen und Dirndl! Bohnen, Birnen und Speck oder Labskaus waren ihnen unbekannt. Im Februar kam dann übrigens noch die Karnevalssaison, und Karnevalsvereine gibt es im Mittleren Westen der USA natürlich auch so einige. Kurzum, der Schwabe lernte also auch noch schunkeln und kaufte sich einen schicken Trachtenjanker, damit er auch als Deutscher anerkannt wurde ...

Andererseits: So nervig im Laufe der Zeit solche Festsau-Tätigkeit auch geworden war, vor allem am Anfang war das Tingeln natürlich eine willkommene Gelegenheit, den Amtsbezirk zu erkunden und kennenzulernen.

Kurzum, und um dieses Kapitel abzuschließen: Essen für Deutschland bereitet nicht immer (eher sogar selten) den Gaumenkitzel, der dabei immer vermutet wird. Deshalb war uns Kochen für Deutschland lieber: Da entscheidet man nicht nur selbst, was auf den Tisch kommt, sondern kann vor allem auch eher einmal nur diejenigen Gäste einladen, die man wirklich interessant findet und mit denen man mehr als nur ein paar Höflichkeitsfloskeln austauschen kann, weil sie wirklich mehr zu sagen haben als, wie toll man heute einmal wieder aussieht, und bei welchem Schneider man denn den schicken Fummel am Leib habe machen lassen.

Suppen

Xochitl-Suppe
4 - 6 Portionen

Zu dieser Suppe gibt es zunächst eine Vorgeschichte (und am Ende auch eine Nachgeschichte):

Die Vorgeschichte spielt in Mexiko, denn von dort kommt diese Suppe. *Xochitl* heißt in der einheimischen Nahuatl-Sprache „Blume". Kennen gelernt haben wir sie in einem Restaurant in Mexiko-Stadt, und sie schmeckte uns vorzüglich. Wir fragten also nach dem Rezept und bekamen zur Antwort, was jeder professionelle Koch auf eine solche Anfrage antwortet: „Tut mir leid, das ist Betriebsgeheimnis". Also machten wir uns daran, den Dingen selbst auf die Spur zu kommen. Wir gingen noch ein paar Mal hin, um die Zutaten herauszuschmecken, und erzielten nach mehreren Versuchen ein Ergebnis, das einen Vergleich mit der Suppe in besagtem Restaurant standhielt, und seither auch bei unseren Gästen immer ein voller Erfolg war.

Nach Jahr und Tag ergab es sich, dass unser Sohn - wir waren gerade mal wieder im Ausland - von Deutschland aus anrief und nach dem Rezept für diese Suppe fragte. Wir hatten keins, weil wir sie nach all den Selbstversuchen immer aus dem Gedächtnis kochten. Stattdessen suchten wir schnell im Internet und schickten ihm eine Reihe von Rezepten per E-Mail. Sohnemann rief kurz danach ziemlich empört zurück und sagte: „Im Internet suchen kann ich selbst. Ich will aber Mamas Rezept!" Nun gut, wir setzten uns hin und brachten es zu Papier. Hier ist es.

Zutaten:

1 Suppenhuhn	1 Avocado
1 Bund Suppengemüse (falls nicht frisch erhältlich, geht auch 1 Paket tiefgefrorenes)	1 Bund frischer Koriander (Cilantro)
	Limonen- bzw. Limettensaft
	Weißer Pfeffer, Tabasco-Soße
1 Bund Möhren	1 Tasse Reis

Zubereitung:

Das Huhn zusammen mit geputztem Suppengemüse gut eine Stunde kochen (wenn man ohne Schwierigkeiten mit einer Gabel das Fleisch vom Knochen lösen kann, ist es gar). Die Möhren können auch erst nach einer halben Stunde Kochen hinzugegeben werden, damit sie nicht zu matschig werden.

Huhn abkühlen lassen und sorgfältig entbeinen. Fleisch klein schneiden.

Reis in 2 Tassen Wasser köcheln, bis es verdunstet ist und dann in die Suppe geben.

Abschmecken mit möglichst frisch gemahlenem Pfeffer, je nach Geschmack ein paar Spritzer Tabasco-Soße und ca. 1 Esslöffel Limonen- oder Limettensaft.

Vor dem Servieren den geschälten, halbierten und quer in dünne Scheiben geschnittenen Avocado in die Teller legen und gehackten Koriander drüberstreuen.

Das Geheimnis des unvergleichlichen Geschmacks dieser Suppe ist die Kombination von frischem Koriander und Limettensaft.

Allerdings: Frischer Koriander ist nicht jedermanns Geschmack. Die einen mögen ihn sehr gerne, andere überhaupt nicht. Zudem gibt es frischen Koriander nicht immer und nicht überall (am ehesten vielleicht noch beim türkischen Gemüsehändler?). In diesem Fall kann man den

Koriander mit frischer, glatter Petersilie ersetzen, was der Blumensuppe natürlich etwas von ihrer Exotik nimmt. Aber sie bleibt dennoch köstlich.

Am besten wird die Suppe übrigens, wenn man wirklich auch ein Suppenhuhn nimmt (das man, wenn es denn schon ein paar Kilometer mehr auf dem Tacho hat als das übliche Gummiadler-Brathähnchen, gegebenenfalls auch etwas länger kochen muss), möglichst sogar ein frisches, nicht ein tiefgefrorenes. Wenn man aber nur mal so eine kleinere Portion auf die Schnelle kochen will, geht es natürlich auch mit „nur" zwei Hühnerbrüsten (mit Haut, keine Filets!) oder Schlegeln (was vielleicht besser ist, weil da noch ein bisschen mehr Fett dran ist und die Knochen einen etwas intensiveren Geschmack geben).

Die Nachgeschichte ist folgende: Als wir nach einem Umzug mal wieder Lust auf eine Xochitl-Suppe hatten, stellten wir fest, dass uns – wohl infolge eines der üblichen Umzugsverluste (siehe Seite 22) – der dafür geeignete Kochtopf fehlte. Wir zogen also los, uns einen neuen zu kaufen. Dabei stach uns ein ziemlich großer ovaler Bräter aus emailliertem Gusseisen einer weltbekannten französischen Firma ins Auge (keine Schleichwerbung, aber sie gilt unter Profis als *der* Hersteller solchen Küchengeräts und ist deshalb leicht zu identifizieren). Trotz des geradezu sündhaft teuren Preises kauften wir den Bräter, weil man damit nicht nur ein Suppenhuhn, sondern auch manches andere Leckere (bis hin zum Spargel, was einen speziellen Topf für diesen Zweck schon einmal wieder einspart!) kochen oder braten kann. Dieser Pott begeisterte uns dermaßen, dass wir uns im Laufe der nachfolgenden Jahre eine ganze Batterie von weiteren Töpfen, Pfannen und Kasserollen aus der Serie zulegten und seither in nichts anderem mehr kochen – selbst Nudeln und Kartoffeln. Das hat uns zwar ein halbes Vermögen gekostet, aber es hat sich gelohnt: in keinem anderen Topf-Typ gelingen Soßen besser oder kann man „sanfter" kochen als in diesem. Außerdem sind sie überraschend pflegeleicht – da braucht man keine Teflon-Beschichtung, auf der man nicht einmal ein Stück Fleisch anständig bräunen kann ...). Schließlich sparen die Töpfe dank ihrer überragenden Wärmeleitfähigkeit langfristig doch auch wieder Energie ein. Seltsamerweise betreibt dieser urfranzösische Hersteller keine Werksverkaufsstellen in Europa, wohl aber im Heimatland des MacDonald – vermutlich beseelt von der Mission, in diesem kulinarischen Entwicklungs- wenn nicht sogar Barbarenland französische Kochkultur zu verbreiten. Unser Glück: Als wir diesem Küchengerät verfielen, waren wir gerade in den USA auf Posten und konnten uns in einem „Outlet" dann doch den einen oder anderen zusätzlichen Pott leisten ...

Kurzum: jene Xochitl-Suppe war trotz aller Rabatte wegen ihrer „Folgekosten" nicht nur die gewiss teuerste Mahlzeit unseres Lebens, sondern wir „zehren" wohl bis ans Lebensende von ihr.

Butternut - Suppe
4 – 6 Portionen

Diese Suppe haben wir in Südafrika kennengelernt. Zunächst einmal: Butternuts sind eine Art Kürbis. Sie sind birnenförmig und haben eine glatte, cremefarbene bis beige-grünliche, längs gestreifte Schale. Die Schale ist dünn, das Kerngehäuse vergleichsweise klein. Der Name („Butternuss") deutet schon auf die cremig-buttrige Beschaffenheit des orangefarbenen Fruchtfleisches hin. Hierzulande sind sie mittlerweile immer öfter auf Gemüsemärkten, -Geschäften und -Abteilungen in Supermärkten zu bekommen. Wenn man keine Butternuts bekommt, geht es natürlich auch mit gewöhnlichen Hokkaido-Kürbissen (möglichst die kleineren, etwa 1 Pfund schweren Bio-Kürbisse) oder auch anderen Kürbissen (wie z.B. die „Bischofsmütze").

Zutaten:

2 – 3 Butternuts	1 Teelöffel Dill
1 Zwiebel mittlerer Größe	½ Teelöffel Paprikapulver
1 Knoblauchzehe	1 Teelöffel milden Essig
40 g Butter	1 Liter Hühnerbrühe
3 Esslöffel Sahne	1 Schuss Weißwein

Zubereitung:

Die Butternuts schälen und in Würfel schneiden.

Zwiebel und Knoblauchzehe fein hacken und etwa vier Minuten in einem Suppentopf in der Butter schmälzen. Sodann die Butternut-Würfel und die Hühnerbrühe beigeben und das Ganze bei mittlerer Hitze etwa 20 Minuten kochen.

Abkühlen lassen und dann mit dem Schnellmixstab pürieren. Paprika, Essig und Dill beigeben und kurz vor dem Servieren die Sahne und einen Schuss Weißwein. Mit frisch gemahlenem Pfeffer abschmecken und mit gehackter Petersilie verzieren. Hübsch ist im Sommer auch eine Kapuziner-Kresse-Blüte (kann man essen!), wenn man solche im Garten oder auf dem Balkon hat. Oder die Blüten von Borretsch.

Im Übrigen ist diese Suppe fast ein Tausendsassa: Mit einer Teelöffelspitze Curry-Puder kann man sie auf Indisch trimmen. Mit etwa einem Esslöffel frisch gehacktem Koriander und einigen Spritzern Tabasco oder einer Teelöffelspitze getrockneter Chili auf mexikanisch. Mit je einem Teelöffel Soja- und Austernsoße plus eine Teelöffelspitze Chinagewürz und ein wenig Ingwer wird sie chinesisch. Für thailändisch könnte man einen Teelöffel frisch gehackten Thai-Basilikum, etwas Zitronengras und eine kleine Messerspitze Thai-Curry-Paste beigeben. Italienisch? Auch kein Problem: Je nach Geschmack einen Teelöffel fischgehacktes Basilikum und/oder Salbei und/oder Oregano sowie ein wenig ausgepresstem Knoblauch unterrühren. Auf provenzalisch nimmt man eher nur je einen halben Teelöffel frisch gehackten Rosmarin, Thymian und vielleicht noch etwas Fenchel, weil dieses Kräuter recht intensiv schmecken. Und all diese Gewürze jeweils erst ganz zum Schluss beigeben, da sie sonst durch längeres Kochen wieder ihren Geschmack verlieren.

Voilà: wie schon in der Einleitung erwähnt und bereits auf Seite 43 bei den Vorspeisen-Soßen angedeutet ist dies wieder ein typische Beispiel dafür, wie mit ein bisschen Würzen aus etwas ganz Einfachem etwas mehr gemacht und so der Eindruck erweckt werden kann, dass man auch kulinarisch in der großen weiten Welt zu Hause ist!

Tomatencremesuppe
4 – 6 Portionen

Wenn es einmal etwas schneller und unkomplizierter gehen soll, ist diese Suppe ideal und im Übrigen ebenso leicht durch verschiedene Kräuter und/oder Gewürze variabel wie vorstehend die Butternut/Kürbissuppe. Die Grundvariante geht so:

Zutaten:

5 Dosen geschälte Tomaten (üblicherweise werden die in den kleineren Dosen im Supermarkt angeboten)
2 Becher Crème fraiche
gekörnte Gemüsebrühe (oder entsprechender Brühwürfel)

Zubereitung:

Die Tomaten pürieren, durch ein Sieb pressen und sodann wieder mit Wasser so lange verdünnen, bis eine „suppige" Konsistenz erreicht wird. Aufkochen und mit der gekörnten Gemüsebrühe oder zerbröseltem Würfel abschmecken. Die Crème fraiche zugeben und mit einem Schuss Gin veredeln.

Zum Verzieren kann man auf jeden Teller noch einen kleinen Klacks Crème fraiche aufsetzen oder ein Blatt Basilikum oder eine Kapuzinerkresse-Blüte, Petersilienblätter oder Ähnliches.

Zucchinisuppe mit Lachsstreifen
4 – 6 Portionen

Zutaten:

4-5 mittelgroße Zucchini	150g Sahne
200g frischer Lachs	2 Esslöffel Crème fraîche
1 Bund Dill	Salz, Pfeffer
3 Esslöffel Butter	1 Esslöffel Limettensaft

½ Liter Gemüsebrühe

Zubereitung:

Die Zucchini putzen, waschen, trocknen und in Scheiben schneiden.

Den Lachs (am besten Wildlachs) abspülen und trocknen.

Den Dill waschen und trocken schütteln.

2 Esslöffel Butter im Topf erhitzen und die Zucchinistücke darin anschmoren. Die Gemüsebrühe dazu gießen und bei geschlossenem Topf ca. 10 Minuten köcheln lassen.

Den Lachs kurz in wenig Wasser dünsten und danach in Streifen schneiden.

Die Suppe mit Sahne, Crème fraîche, restlicher Butter, Salz, Pfeffer und Limettensaft würzen und pürieren.

Die Suppe auf Tellern anrichten, Lachsstreifen darauf verteilen und mit Dill garniert sofort servieren.

Chinasuppe
4 bis 6 Portionen

Eigentlich ist diese Suppe schon ein „Oldie" in unserem Repertoire, auch als Vorspeise zu anderen als chinesischen Gerichten. Weshalb auch immer, im Laufe der Jahre geriet der Oldie irgendwie in Vergessenheit und erlebte dann eine Renaissance, als wir Jahre später in den Niederlanden auf die Idee kamen, uns eine Sashimi-Platte daheim selbst zuzubereiten. Dazu ist die Chinasuppe eine besonders schmack- und herzhafte Vorsuppe, auch wenn Sashimi natürlich japanisch ist. Das Sashimi stellen wir weiter unten auf Seite 128 vor. Hier aber erst einmal das Rezept für die Chinasuppe, auch weil sie eine leckere Grundlage nur für ein Glas Wein unter Freunden am Abend oder als „Mitternachtssuppe" nach einem langen Abend ist.

Zutaten:

1 Kleines Schweinefilet (3-400g)	1 Esslöffel Mondamin
1 kleine Dose gestiftelte Bambussprossen	2 Esslöffel (Sesam) Öl
1 kleine Dose geschnittene Champignons	1 Liter Hühnerbrühe
2 Zwiebeln	2 – 3 Esslöffel Essig
3 Esslöffel Sojasoße	3 Eier
1 Teelöffel Mehl	1 Esslöffel gehackte Koriander
Salz, Pfeffer	oder Petersilie

Zubereitung:

Schweinefilet erst in dünne Scheiben und diese in Streifen schneiden. Sofern die Bambussprossen nicht schon gestifelt sind, weil sie möglicherweise nur in rechteckigen Scheiben erhältlich sind, auch diese in Streifen schneiden. Zwiebeln in Scheiben schneiden.

Mehl, Salz und Pfeffer mit der Sojasoße vermischen und das Ganze über das Fleisch verteilen. Dieses sodann in dem erhitzten Öl etwa zwei Minuten braten, bis es leicht angebräunt ist.

Das Fleisch in einen Topf geben und diesen mit der Hühnerbrühe auffüllen. Bambus, Champignons und Zwiebeln zugeben. Die Suppe mit Essig, Pfeffer und Salz abschmecken und danach mit dem in etwas kaltem Wasser angerührten Mondamin binden. In die nun leicht angedickte Suppe nicht zu schnell und unter ständigem Rühren die leicht verquirlten Eier mit dem Schneebesen unterziehen. Eventuell durch Nachwürzen mit Salz und Pfeffer bzw. Essig die gewünschte Mischung von scharf und sauer einstellen.

Vor dem Servieren mit dem gehackten Koriander bestreuen. Falls nicht erhältlich oder Koriander nicht gemocht wird, kann man stattdessen Petersilie nehmen.

Currysuppe "Madras"

4 – 6 Portionen

Zutaten:

500g mehlig kochende Kartoffeln
50g Butter
Salz
1 EL Currypulver
850 ml Gemüsebrühe
1 Möhre

1 Knoblauchzehe
1 kleines Stück Ingwer
30g Mandelblättchen
30g Rosinen
3 Frühlingszwiebeln
2 EL Schnittlauch

Zubereitung:

Kartoffeln schälen, waschen und würfeln.

30g Butter in einem Topf zerlassen und Kartoffelwürfel darin anschwitzen. Mit etwas Salz würzen und mit Curry bestäuben, 650 ml Brühe angießen und das Ganze bei milder Hitze im geschlossenen Topf ca. 15 Minuten garen.

Möhre putzen und waschen, Knoblauchzehe abziehen, Ingwer schälen und alles fein würfeln.

Mandelblättchen ohne Fett in einer beschichteten Pfanne rösten. Restliche Butter zerlassen, die gewürfelten Zutaten darin anbraten. Rosinen hinzufügen, restliche Brühe zugeben und dünsten, bis die Flüssigkeit verdampft ist.

Frühlingszwiebeln putzen, in Ringe schneiden, waschen und mit den Mandelblättchen zum Gemüse geben.

Kartoffelsuppe pürieren, auf vorgewärmte Teller geben, mit dem Gemüse darauf anrichten und mit Schnittlauchröllchen bestreut servieren.

Kalte Gurkensuppe mit Kräutern
4 – 6 Portionen

Im Sommer, wenn es heiß ist, ist ein warme Suppe vielleicht nicht so ganz das Richtige. Stattdessen empfiehlt sich dann z.B. ein Gazpacho. Gazpacho scheint aber an heißen Tagen allerorten eher schon Standard zu sein. Jedenfalls waren wir dieser an sich leckeren Kaltsuppe recht bald überdrüssig und suchten nach einer Alternative. Dabei stießen wir eines Tages auf ein Rezept für eine kalte Gurkensuppe und fanden die sehr viel erfrischender und pfiffiger. Für Einladungen zudem deshalb praktisch, weil man sie auch schon am Vortag zubereiten kann.

Zutaten:

Ca. 1 ½ kg Salatgurken
Je 1 Bund Dill, glatter Petersilie und Minze
1 Esslöffel Butter
1 Liter Gemüsebrühe (Würfel oder Pulver)
4 Schalotten
Frisch gemahlener Pfeffer
Kräutersalz oder Kräutermix
1 Esslöffel Kürbiskerne
½ Becher Schlagsahne

Zubereitung:

Die Gurken schälen, halbieren, entkernen und in etwa daumendicke Scheiben schneiden.

Schalotten fein hacken und kurz in der Butter andünsten, Gemüsebrühe dazugeben und kurz aufkochen. Die Gurkenstücke zugeben und 15 Minuten köcheln lassen.

Die Hälfte der Gurkenstücke herausnehmen und beiseitelegen. Suppe sodann weitere 5 Minuten köcheln. Danach vom Herd nehmen und die Gurken mit dem Pürierstab pürieren. Die beiseitegestellte Hälfte der Gurkenstücke wieder zugeben und schließlich die Suppe mit Pfeffer und

Kräutersalz bzw. Kräutermix abschmecken. Sodann die Suppe erkalten lassen und in den Kühlschrank stellen.

Vor dem Anrichten Dill und Petersilie fein, Minze grob hacken. Kürbiskerne ohne Fett in einer Pfanne leicht anrösten. Sahne steif schlagen.

Die kalte Suppe auf Suppenteller oder -Tassen verteilen. Die gehackten frischen Kräuter und die Kürbiskerne darüber streuen und je eins der sprichwörtlichen Sahnehäubchen aufsetzen.

Spinatsuppe mit Haube
4 Portionen

Diese ist sozusagen das Überraschungs-Ei unter den Suppen und provoziert so bei den Gästen erst einmal ein Erstaunen: „Oh, was ist das denn?" Unter einem Blätterteighäubchen verbirgt sich nämlich ein leckere Suppe.

Zutaten:

200 g Blattspinat	4 Scheiben Blätterteig (gefroren)
100 g Cocktail- oder Cherry-Tomaten	1 Eigelb
2 große Blätter Basilikum	1 Esslöffel Sahne
1 l Gemüsebrühe (Würfel oder gekörnt)	Pfeffer, Muskatnuss

Zubereitung:

Blätterteig-Platten auftauen lassen.

Spinat säubern, waschen und abtropfen lassen. In einem weiten Topf bei großer Hitze kurz blanchieren, bis er zusammengefallen ist. Blanchierten Spinat auf einem Sieb kalt abspülen.

Die kleinen Tomätchen halbieren. Die Basilikumblätter in feine Streifen schneiden.

1 Liter Gemüsebrühe aus Würfel oder Glas aufkochen und mit Pfeffer und geriebener Muskatnuss abschmecken. Salz ist nicht nötig, weil die Brühe ohnehin schon salzig ist.

Aus den aufgetauten Blätterteig-Platten Kreise schneiden, deren Durchmesser etwa 2 cm größer als der der verwendeten Suppentassen (diese sollten übrigens feuerfest sein!) ist.

Eigelb und Sahne verrühren und damit den oberen äußeren Rand der Suppentassen ca. 1 cm breit bestreichen.

Tomaten und Spinat in die Suppentassen verteilen, Basilikumstreifen darüber streuen und mit der heißen Brühe auffüllen.

Auf jede Tasse einen Blätterteigkreis legen und die Ränder gut andrücken.

Auf den mittleren Rost des auf 200° C (Umluft nur 180° C) vorgeheizten Ofens stellen und etwa 8 Minuten backen, bis das Häubchen goldgelb ist.

Von Bullen und Gänsen

Diplomaten dürfen nicht nur im Parkverbot parken, sondern auch volltrunken mit überhöhter Geschwindigkeit durch die Stadt rasen und dabei Jedermann platt fahren, ohne dass sie dafür bestraft werden können. Sie sind ja, so wie ihre Wohnung/Haus „exterritorial" ist, auch „immun". Und obendrein sind sie rundum bewacht. Solche und ähnliche Vorstellungen nähren leider immer noch den Neid des einheimischen Missetäters. Im Unterschied zu den Klischees über das Essen und Trinken haben diese überhaupt keinen wahren Kern.

Zunächst einmal zur Exterritorialität: Nicht richtig ist, dass die Gelände und Gebäude von Botschaften, Konsulaten oder ihrer Angehörigen so etwas wie Inseln deutschen Staatsterritoriums im Gastland sind. Vielmehr sind auch diese „Inseln" Teil des Gastlands und unterliegen formal weiterhin dessen Recht und Gesetz. Nach den bereits erwähnten Wiener Konventionen (siehe Seite 19) ist es nur so, dass der Gaststaat in diesen Inseln sein Recht jedenfalls nicht ohne Weiteres durchsetzen darf, sondern dies dem Entsendestaat überlassen muss. Praktisch heißt das z.B., dass die Polizei des Gaststaates dieses Territorium normaler Weise nur mit Zustimmung des Entsendestaates, verkörpert durch den Leiter der Mission, betreten und dort tätig werden darf. Dass es zu dieser Regel wie zu allen anderen auch Ausnahmen gibt, braucht uns hier nicht weiter zu interessieren. Der Hinweis soll genügen, dass, wenn es diesbezüglich mal Spitz auf Knopf gehen sollte, dem Gastland im schlimmsten Fall dann nur noch der Abbruch der diplomatischen Beziehungen bleibt.

Ähnlich ist das auch mit der Immunität. Grundsätzlich ist jeder diplomatische oder konsularische „Agent", wie es in den früher schon genannten Wiener Konventionen heißt, an Recht und Gesetz des Gastlandes gebunden und soll es auch respektieren. Aber auch hier kann das Gastland sein Recht im Falle einer Verletzung nicht durchsetzen. Jedenfalls nicht bei (natürlich unbeabsichtigten) Übertretungen im Rahmen einer Amtshandlung des betreffenden Diplomaten oder Konsularbeamten. Nur bei Ersteren geht das darüber hinaus auch bei privaten Vergehen nicht. Hier bleibt im schlimmsten Fall nur die Ausweisung der betreffenden „Agenten" als *persona non grata* (unerwünschte Person). Es sei denn, es handelt sich um einen besonderen Einzelfall, in dem der Entsendestaat anders entscheidet und einem Verfahren des Gastlandes gegen seinen Beamten zustimmt und dafür dessen Immunität aufhebt. Praktisch denkbar ist das aber wohl nur in solchen Fällen, in denen die betroffene Person lediglich als Zeuge, nicht als Täter geladen ist.

Das heißt nun aber keineswegs, dass diese Personen straffrei bleiben. Vielmehr unterliegen sie natürlich daheim der deutschen Justiz. Im Übrigen ist es mittlerweile in aller Regel sogar so, dass selbst „Knöllchen" im Unterschied zu früher „freiwillig" auch bezahlt werden müssen. Allerdings: nicht an die Behörden des Gastlandes (denn die können ihren Anspruch ja nicht durchsetzen), sondern zumeist an eine karitative Organisation als „Spende". Damit da nur ja keiner auf dumme Gedanken kommt und direkt unter dem Verbotsschild parkt oder mit 100 durch die Stadt rast, nur weil er ein CD- oder CC-Schild am Auto hat.

Der Grund für diese etwas eigenartig anmutenden Regelungen ist nicht, die Diplomaten zu Halbgöttern im Frack zu machen und über Recht und Gesetz zu stellen. Vielmehr es geht darum, dass Staaten ja souverän und als solche untereinander gleich gestellt sind. Daraus folgt, dass kein Staat über die Staatsbeamten eines anderen Staates richten soll. Schließlich will der ja auch nicht, dass andere Staaten über seine Beamten befinden. Das muss aber keineswegs bedeuten, dass man - etwa bei den Flughafenkontrollen in den USA nach dem 11. September 2001 - immer auch entsprechend höflich und zuvorkommend behandelt wird. Da muss sich jeder Diplomat, Privilegien hin und Immunität her, genau so ruppig „behandeln" lassen wie jeder andere Fluggast auch, denn woher soll der Sicherheitsbeamte schon wissen, ob der Diplomat auch echt, oder nicht doch ein getarnter Terrorist ist.

In manchen Ländern und in den entlegeneren Gegenden großer Flächenstaaten sind indes solche Immunitäten gar nicht bekannt und deshalb kaum etwas wert. Dort kommt es dann schon einmal vor, dass einen z.B. bei einer Verkehrskontrolle in den USA ein Polizist fragt, welcher Bundesstaat eigentlich das „Department of State" (das amerikanische Außenministerium) sei, von dem man ein Nummernschild und den Führerschein hat: „Sieht ja ganz gut aus, diese Fälschung. Wo haben Sie die denn her?..." Gott sei Dank und wohl in weiser Voraussicht steht auf der Rückseite eines solchen Führerscheins und des Diplomatenausweises eine Telefonnummer, bei der sich ein Polizeibeamter oder welche sonstige Amtsperson auch immer erkundigen kann, ob es nicht doch seine Richtigkeit hat mit dem, was ihm dieser Ausländer da Seltsames verklickern will. Das soll zwar auch nicht immer, aber doch wohl in den meisten Fällen helfen. Hin und wieder fragt man sich aber doch, ob es nicht besser gewesen wäre, ein ganz normales und kein Diplomatenschild am Wagen zu haben. Dann wäre man nämlich vielleicht gar nicht erst aufgefallen. In Schweden z.B. haben Diplomaten keine besonderen, sondern die ganz gewöhnlichen Autokennzeichen. Da hält kein Polizist einen Diplomatenwagen wegen vermuteter Kennzeichenfälschung an.

In weiten Teilen der Welt gibt es in solchen Fällen aber auch andere Möglichkeiten. In Mexiko z.B. könnte man versuchen, mit dem Polizisten ein wenig ins Gespräch zu kommen, etwa um herauszubekommen, wie arm seine Familie dran ist und wie viele Kindermäuler er zu stopfen hat, sodass man abschätzen kann, wie viele „cafecitos" man ihm spendieren muss, um ihn zu besänftigen. Solches heißt in der Landessprache auch „mordida" - ein kleiner „Biss". Manchmal geht es sogar ganz ohne ein solches Bisschen. So waren wir einmal mit Besuchern in Mexiko-Stadt unterwegs und kamen am „Zócalo" an, jenem großen Platz, an dem der Nationalpalast mit den weltberühmten Wandgemälden von Diego Rivera, die Kathedrale und gleich nebenan eine bedeutende Aztekenpyramide liegen. Kein freier Parkplatz weit und breit. Wir klagten also einem Polizisten unser Leid und wie wichtig es doch sei, dass unsere ausländischen Gäste diese unschätzbaren Sehenswürdigkeiten anschauen könnten. Auf unsere Frage, wo wir nun parken könnten, sagte er „hier! Ich passe auf". Es war direkt unter dem Parkverbotsschild. Unser Angebot, ihm eine kleine Tasse Kaffee für die Bewachung unseres Autos zu spendieren lehnte er ab, sondern bestätigte nur voller Stolz, wie wichtig es sei, Besucher an diese wichtigen Stätten seiner Stadt zu bringen. Andererseits waren in Mexiko-Stadt diejenigen Straßenkreuzungen stadtbekannt, an denen die Polizisten ihre Erfolgsquote dadurch steigerten, dass sie zahlungskräftig aussehende Autofahrer zur Seite winkten und mit der Behauptung zur Kasse baten, sie seien bei Rot über die Kreuzung gefahren. Auch Diplomaten waren begehrte Opfer, die trotz ihrer „Immunität" häufig die „mordida" zahlten, weil bekannt war, dass diese armen Polizistenteufel ja wiederum ihre Vorgesetzten an ihren „Einkünften" teilhaben lassen mussten. Übrigens: Die „Tarife" an diesen Kreuzungen waren ebenfalls stadtbekannt!

Kommen wir nun also zu der angeblichen „Rundumbewachung" der Diplomaten durch den Gaststaat. In aller Regel sind nur die „Kanzleien" (wie die Bürogebäude von Botschaften und Konsulaten genannt werden) und die „Residenzen" der Missionschefs gut bewacht. Bei allen anderen kann es mit der Bewachung, erhöhter Streifenfrequenz und dergleichen wenigstens nicht so weit her sein, als dass ihre „Opferquote" geringer als die aller anderen Einwohner wäre. Es wäre wohl auch ein ziemlicher Aufwand, das muss man sich ganz emotionslos vor Augen halten. Uns jedenfalls wurde in Schweden des Nachts das Auto vor der Haustür geklaut. Zwei Mal an verschiedenen Posten wurde das Auto auf dem eigenen Grundstück aufgebrochen und das Radio ausgebaut. In Mexiko-Stadt hätten wir wegen all der geklauten Außenspiegel und Radkappen fast schon Mengenrabatt bekommen. Auch da verschwand übrigens unser Auto auf einem bewachten Parkplatz auf Nimmerwiedersehen. Alles in allem sind wir aber noch glimpflich davongekommen, wenn man so hört, wie es anderen Kollegen gegangen ist, denen nicht nur Autos aufgebrochen oder geklaut wurden, sondern bei denen in einer Häufigkeit auch zu Hause eingebrochen wurde, die sich wohl kaum vom jeweils üblichen Landesdurchschnitt unterschied.

Letztendlich muss eben auch der Diplomat selbst für seine Sicherheit sorgen (sicher, es gibt dafür in besonders gefährdeten Dienstorten finanzielle Unterstützung des Arbeitgebers für Alarmanlagen, Sicherheitszäune und dergleichen, aber das ist auch in der „freien Wirtschaft" üblich und sollte auch selbstverständlich sein). Als wir in der Mitte der neunziger Jahre in Südafrika waren, hatten wir das Glück, auf einem relativ großen Grundstück leben zu dürfen. Elektromechanische Sicherungen hielten wir da nicht für ausreichend, zumal es häufig Stromausfälle gab. Einen Wachhund wollten wir uns aber auch nicht zulegen, weil wir aus Erfahrung wussten, dass wir unweigerlich unser Herz an einen solchen verlieren würden. Es ist aber beim diplomatischen Zigeunerleben und dem Wechsel zwischen In- und Ausland keineswegs gewiss, ob man einem Hund immer mitnehmen kann und ihm überall die Umgebung bieten kann, die er braucht. Ihn aber nur für ein paar Jahre halten und dann „abschieben", das wollten wir auch nicht. In diesem Dilemma erinnerten wir uns an das antike Rom, das von Gänsen vor dem Einfall der Kelten gewarnt worden sein soll, und daran, dass seinerzeit auch die US-Botschaft in Saigon erfolgreich von solchem Federvieh bewacht worden war. Und - wie sich am Ende als falsch herausstellen sollte - wir glaubten daran, dass man sein Herz nicht an „dumme Gänse" verlieren könne.

Platz hatten wir jedenfalls genug, und so besorgten wir uns von einer Farm, die uns von Freunden empfohlen worden war, zwei Gänse. Beigegraue „Toulouser", blaue Augen, wunderhübsch. Wir suchten uns zweie aus, die augenscheinlich wie Männlein und Weiblein aussahen. Die eine war eben etwas größer, die andere etwas kleiner. So nach dem üblichen Klischee, dass Männlein größer sein müssten als Weiblein. Tatsächlich ist es aber selbst für Tierärzte äußerst schwiwrig, bei diesem Federvieh das Geschlecht zu unterscheiden. Wir mussten also erst mal abwarten. Und in der Tat: Im nächsten Frühjahr bauten die beiden ein Nest. Sie legten Eier hinein und begannen auch, wie es sein soll, einander abwechselnd mit dem Brüten. Alles in allem sah es wirklich so aus, dass die eine Gans eher „mütterlich" und die andere eher „gockelhaft"-männlich auftrat, schließlich war sie ja auch „derjenige", der die andere geradezu lehrbuchmäßig zuvor im Teich besprungen hatte. Verwirrend war allenfalls, dass der „Ganter" die kleinere von den beiden Gänsen war. Das entsprach nun nicht ganz der „üblichen" Vorstellung, aber bitte: Bei Menschen kommt so etwas ja auch vor, nicht wahr? Wir blieben also „guter Hoffnung", in absehbarer Zeit eine Schar von etwa einem halben Dutzend süßer kleiner Federbällchen über den Rasen „kugeln" zu sehen. Bis wir eines Tages während einer ganz kurzen Brutpause, nämlich als die Gänse - wie wir uns kundig gemacht hatten - zwecks gleichmäßiger Wärme- und Feuchtigkeitsverteilung üblicherweise die Eier wenden, etwa zwei Dutzend Eier in dem Nest sahen. Das nun widersprach allem, was wir über die Größe des Geleges einer einzigen Gans gelesen oder gehört hatten. Und als dann auch die übliche Brutzeit vor dem Schlüpfen längst überschritten war, war der immer stärker gewordene Verdacht bestätigt: Es wird nichts mit flauschigen Federbällchen, denn beide Gänse hatten Eier gelegt und wir offenbar ein lesbisches Gänsepaar! Schade. Wir hatten schon davon geträumt, dass hinter der Mitautorin, die von den beiden sozusagen zur „Obergans" gekürt worden war, nicht nur die beiden Eltern, sondern auch ihre Gössel hinterher watscheln.

Die Geschichte geht aber noch weiter: Die Mitautorin ist leidenschaftliche Entensammlerin. In unserem Haus befindet sich vom Keller bis zum Dach eine gut dreistellige Zahl von Enten in allen Formen und Materialien. Holz, Glas, Metall, Keramik, Stoff, Besteck, Teller und was sonst noch alles. Das geht bis hin zum Mitautor, der z.B. in Form von Krawatten oder Manschettenknöpfen voll in den Prozess des Verentens eingebunden ist. Nun begab es sich, dass die Mitautorin eines Tages in einer Zoohandlung im nahegelegenen Einkaufszentrum ein wunderhübsches Entenpaar sah. Mallard-Enten (also Stockenten). Bei diesen konnte man im Unterschied zu den Gänsen jedenfalls sicher sein, ein Hetero-Pärchen zu haben. Also erst mal herumtelefoniert und gelesen, ob das Probleme mit den Gänsen geben könnte. Demnach sollte es keine geben. Also beschlossen wir, unsere Entensammlung sozusagen mit dem Tüpfelchen auf dem „i" durch ein lebendiges Paar zu ergänzen, und es durfte ebenfalls in unseren Garten einziehen. Platz war genug und ein eigener kleiner Teich war ja schon seinerzeit für die Gänse angelegt worden. Zwar beäugten sich die beiden gefiederten Paare zunächst etwas misstrauisch, aber nachdem jedes seine eigene Futterstelle hatte, entwickelte sich rasch eine Art friedlicher Koexistenz. Bis zum nächsten Frühling. Und da nun geht die Geschichte mit unserem lesbischen Gänsepaar weiter. Frühling also. Jedes Paar baute sein Nest und legte Eier hinein. Erpelchen war zunächst eigentlich ganz nett zu seiner Frau und umsorgte sie rührend. Wieder sahen wir vor unserem inneren Auge eine Schar gelber Wattebäusche. Nur mit dem Brüten hatte es der Schlingel nicht so. Die Pausen, die er seiner Frau gönnte, waren doch etwas kurz. Offenbar hatte er anderes, aus seiner Sicht wohl auch besseres, zu tun. Statt, wie es sich gehört, seine Frau zu entlasten, machte er sich, wie Männer nun mal so sind ... Ja, Sie ahnen es schon: Er machte sich über die Gänse her. Und dann auch noch vorzugsweise über die kleinere, die ja die Rolle des Ganters spielte! Stellen Sie sich mal vor, was da in dem Kopf dieser armen Ganterin vorgegangen sein mag, wenn sie andauernd „homoerotisch" von einem Erpel bedrängt wurde. Leider war es erst jetzt, dass wir erfuhren: Gerade die Mallards sind bekannt dafür, dass deren Erpel wahre Sexmonster sind. Was also tun? Nun, wir sagten ja schon, das Grundstück war recht groß. Die Enten hatten ihr Nest in der Nähe der Gemüsebeete gebaut. Diesen Teil trennten wir also ab und besorgten einen kleine Kinderpool, damit sie ihr eigenes Wasser hatten. Zaun drum rum und die

Hoffnung, dass das hilft, Gänse und Erpel auseinanderzuhalten. Schließlich hatte die Zoohändlerin uns seinerzeit versichert, dass bei ihr die Enten nicht richtig herumflögen, sondern nur so ein bisschen über den Boden flatterten. Erpelchen aber hatte wohl doch zu viel Testosteron im Leib. Allen Beteuerungen der Zoohändlerin zum Trotz „hüpfte" das Biest heftig flatternd immer wieder über den immerhin gut anderthalb Meter hohen Zaun, um seine heiß geliebten Gänse zu besuchen. Schließlich kamen wir zu dem Schluss: So geht es nicht weiter! Wir mussten die Enten von Freunden im Nordosten des Landes, wo sie auf einer Farm lebten und unter manch anderem auch einen großen Ententeich hatten, abholen lassen. Die Gänse waren nämlich zuletzt dermaßen verschreckt, dass sie nicht mehr ins Wasser gingen. Nach Abreise der Enten hat es den Mitautoren dann ein ganzes Wochenende gekostet, sich an und sogar in den Gänseteich zu setzen, um die beiden davon zu überzeugen, dass die Gefahr nun vorüber war, und sie sich unbesorgt wieder ins Wasser begeben konnten. Aber das Misstrauen blieb noch ein paar weitere Tage bestehen, an denen sie nur dann in den Teich gingen, wenn einer von uns in der Nähe war.

Aber gut bewacht waren wir von den Gänsen. Keine Frage: Es kam garantiert Niemand unbemerkt aufs Grundstück, denn sie meldeten jeden Besucher. Das genügte jedoch nicht, zwei Polizisten zu überzeugen, die eines Morgens bei uns auftauchten und das Grundstück - diplomatische Immunität (siehe oben) hin oder Extraterritorialität her - nach „versteckten Terroristen" durchsuchen wollten. Für den Abend hatten wir nämlich - wie sollte es anders sein: natürlich wieder einmal für reisende deutsche Politprominenz - zu einem Empfang auch ein Kabinettsmitglied eingeladen, das auch zugesagt hatte. Um die ganze Sache also nicht zu gefährden, verzichteten wir auf Exterritorialität, Immunität und was sonst noch alles und ließen die beiden Sicherheitsbeamten aufs Grundstück, damit sie sich nicht nur darüber vergewissern konnten, dass keine Terroristen auf unserem Grundstück verborgen sind, sondern auch darüber, dass unsere Gänse durchaus wachsam sind und schon Sorge dafür tragen werden, auch nach der Durchsuchung keine „Terroristen" aufs Gelände zu lassen. Nur bei unserem Schlafzimmer haben wir „Stopp!" gesagt, und das haben sie auch akzeptiert.

Bleiben wir noch kurz beim Stichwort Party. Unsere Gänse waren geradezu partysüchtig. Damit unsere Gäste nicht von ihnen belästigt werden, hatten wir um die Terrasse und den daran anschließenden Swimmingpool herum einen Zaun gezogen [1]. Wenn wir nun Gäste hatten, stolzierten sie ganz aufmerksam diesen Zaun entlang und beteiligten sich ihrerseits schnatternd am diplomatischen Geschnatter. Und dies, wie es sich gehört: Durchaus zurückhaltend und diskret, kein lautes Gekreische, sondern mit gedämpftem „Gock-Gock-Gock". Nachdem wir einmal eine mehrmonatige sehr intensive Gastgebertätigkeit hinter uns und wieder Ruhe hatten, kamen die beiden für eine Weile täglich so gegen sechs Uhr nachmittags (meistens beginnen solche Veranstaltungen um diese Zeit) an den Zaun und guckten sichtbar verdutzt, dass keine Gäste erschienen. Ihr Geschnatter war hörbar weniger diskret als sonst, geradezu fordernd. Wir versuchten es zu übersetzen und glaubten, darin die empörte Klage darüber zu hören, dass ihnen langweilig sei, weil heute keine Party stattfindet.

Bleibt hinsichtlich der Gänse nur noch zu bemerken, dass wir uns mit der anfänglichen Auffassung, an „dumme Gänse" verliere man nicht sein Herz, ganz gewaltig geirrt haben. Hätten wir nur unseren Konrad Lorenz [2] diesbezüglich etwas ernster genommen! Seit der eigenen Erfahrung mit Gänsen verbieten wir jedem den Mund, der von „dummen Gänsen" redet. Diese Tiere sind nämlich in Wahrheit sehr intelligent und obendrein auch durchaus kommunikativ und zutraulich (wie gesagt: Die Mitautorin war ganz offensichtlich zur „Obergans" erkoren worden, der sie auf Schritt und Tritt folgten). So kann man sich mit ihnen mindestens so gut „unterhalten" wie mit einer Katze oder einem Hund, wenn man sich die Mühe macht, ihre „Sprache" ein bisschen zu verstehen. Noch heute können wir uns trotz inzwischen eingerosteter Sprachkenntnisse ein wenig mit Gänsen „unterhalten", wenn wir solchen - etwa auf einem Spaziergang auf dem Land - begegnen. Unser „Gock-Gock-Gock" wird prompt und freundlich erwidert. Als es dann schließlich wieder einmal auf einen neuen Posten ging, mussten wir uns schweren Herzens und mit Tränen im Auge des Mitautors wieder von ihnen trennen, denn es ging zurück nach Deutschland in ein Reihenhaus mit 50 qm „Garten" - da kann man

---

1 Anfangs tummelten sich die Gänse nämlich „mit Schmackes" im Swimmingpool, was uns nicht weiter gestört hätte, wenn sie beim Schwimmen auch dicht gehalten hätten ... Das taten sie aber nicht, weshalb wir ihnen sehr schnell einen eigenen Teich angelegt hatten.
2 „Er redete mit dem Vieh, den Vögeln und den Fischen", Wien 1949.

keine Gänse halten. Aber wir fanden eine schöne Farm mit großem Ententeich und noch weitaus mehr Auslauf als bei uns, wo sie sich dann bestens eingelebt haben. Seither träumen wir bis zum heutigen Tag von einem größeren Lottogewinn, damit wir uns in der Eifel einen Bauernhof mit Gänsen kaufen können.

Um das Thema Bullen zum Abschluss zu bringen: Es gibt auch andere als die eingangs geschilderten. So waren wir z.B. in Südafrika wieder einmal mit dem Auto unterwegs. Dieses Mal ging es nach Bloemfontein. Bloemfontein ist als Sitz des Obersten Gerichtshofs natürlich eine ganz wichtige Stadt. Sonst aber gibt es da außer schönen Parks und Villen sowie ein bisschen Industrie und vor allem Landwirtschaft drum herum kaum noch etwas anderes Nennenswertes. Eigentlich ist es sogar ein ziemlich verschlafenes Städtchen fast am Ende der Welt. Jedenfalls könnte man glauben, es von dort aus schon zu sehen. Ein Journalist schrieb einmal ganz zutreffend: „Jedes Land hat sein Bloemfontein" - und das ganz im Sinne von Hintertupfingen. Kurzum, wir waren auf der Autobahn (ja, trotz allem, bzw. wohl nur wegen dieses Obersten Gerichtshofs, führt da auf dem Weg zur Ostküste auch eine Autobahn vorbei) kurz vor Bloemfontein angekommen und hatten eine von drei (!) Abfahrten nach diesem Bloemfontein genommen. Zur Sicherheit stoppten wir aber, um noch einmal auf der Landkarte nachzuschauen, ob es auch die richtige war. Da hielt hinter uns ein Polizeifahrzeug (oh Gott, oh Gott, was haben wir nun angestellt?) und der Polizeibeamte fragte ganz freundlich, ob wir ein Problem hätten? Er sehe am Kennzeichen, dass wir von auswärts kämen; ob er uns helfen könne? Nachdem er uns bestätigt hatte, dass dies die richtige Abfahrt sei, und uns weiter gute Fahrt wünschte, bedankten wir uns ganz herzlich. Und das nicht nur, weil wir in diesem Falle nicht einmal das Gefühl hatten, ihm einen kleinen Kaffee spendieren zu müssen.

Schließlich gibt es auch Bullen, die tun außer Wegschauen überhaupt nichts. So z.B. in den Niederlanden, jedenfalls wenn es um die unzähligen Fahrradfahrer(innen) geht, die auf den Straßen jeden anderen Verkehrsteilnehmer absolut rechtlos erscheinen lassen. Sie dürfen unter den Augen der Gesetzeshüter Vorfahrtsregeln missachten, rechts überholen und unversehens vor der Kühlerhaube links abbiegen und dergleichen mehr: Wenn dann etwas passieren sollte, hat immer der andere Schuld, niemals der/die Fahrradfahrer/in. Selbst wenn sie nachts ohne Licht fahren. Andererseits: Niederländische Bullen haben zwar nicht weggeschaut, aber doch ein Auge zugedrückt, als der Mitautor einmal versehentlich eine durch Laub verdeckte rote Ampel überfahren hatte. Allerdings: Es war damals gerade auch weit und breit kein Fußgänger, vor allem aber auch kein Fahrradfahrer zu sehen ...

Hauptgerichte

Bretonische Lammkeule
4 Portionen

Zutaten:

1 Lammkeule (ca. 750g)	1 Zweig frischer Rosmarin
½ l Rotwein	je 1 Prise Salz und Pfeffer
2 geschälte Zwiebeln	150g durchwachsener Speck
3 zerdrückte Knoblauchzehen	2 Karotten
1 Zweig frischer, fein gehackter Estragon	2 Stangen Lauch
	3 Esslöffel Cognac

Zubereitung:

Zwiebeln und Gemüse grob stückeln. Rosmarinblätter abstreifen und grob hacken. Mit Knoblauch, Wein, Estragon, Salz und Pfeffer in eine Schüssel geben. Fleisch darin einen Tag ziehen lassen.

Speck würfeln und in einem Bräter auslassen. Aus dem Bräter nehmen.

Gemüse aus der Marinade fischen, klein schneiden.

Lamm im Speckfett anbraten. Gemüse zugeben, etwas anbraten und mit einem Teil der Beize löschen.

Im vorgeheizten Ofen bei 180° ca. eine Stunde garen. Lamm herausnehmen. Soße durch ein Sieb passieren. Mit restlicher Beize aufkochen. Speckwürfel zugeben, evtl. mit Butter und Mehl oder Mondamin binden, noch etwas köcheln lassen. Salzen, pfeffern und mit dem Cognac verfeinern.

Dazu passen Salzkartoffeln und Prinzessbohnen, die man mit ein wenig Pfeffer und kleingehacktem Bohnenkraut würzen kann. Aber Vorsicht: Bohnenkraut ist sehr intensiv im Geschmack!

Bobotie
4 – 6 Portionen

Bobotie ist zwar nur eines von verschiedenen südafrikanischen Nationalgerichten, aber wohl eines der bekanntesten. Ursprünglich stammte es aus der Küche der Kapmalaien. Die niederländischen Kapkolonie begann ja zunächst als Versorgungsstation der Niederländer auf dem Seeweg von Europa nach ihren Kolonien in Indonesien. Sozusagen auf dem Rückweg von dort wurden malaysische Sklaven mitgenommen und einige davon auch am Kap eingesetzt, wo sie später eine Minderheit der dortigen Bevölkerung bildeten. Bobotie ist ein recht einfach zuzubereitender Auflauf und als solcher ursprünglich eher ein Resteessen. Wir wollen aber frische Zutaten verwenden. Und dann ist Bobotie stets ein Erfolg.

Zutaten:

1 kg Hackfleisch	2 Teelöffel Butter oder Öl
1 feingehackte Zwiebel	3 Eier
½ Tasse kernlose Rosinen	¼ l Milch
½ Tasse geschälte Mandeln	2 Teelöffel Zitronensaft
1 Teelöffel Aprikosenmarmelade	2 Teelöffel Curry
1 Teelöffel Früchte-Chutney	1 Teelöffel Kurkuma (Tumeric)
1 Scheibe Weißbrot	2 Zitronen- oder Lorbeerblätter

1 Teelöffel Salz

Zubereitung

Brotscheibe in der Milch einweichen, ausdrücken und mit dem Hackfleisch vermischen. Alle anderen Zutaten außer Butter, Eier, Milch und den Lorbeerblättern untermischen.

Butter in einer Pfanne schmelzen bzw. Öl erhitzen und darin die Fleischmischung leicht anbräunen. Danach in eine Kasserolle geben.

Eier mit dem Rest der Milch schlagen und über das Fleisch geben. Mit Lorbeerblättern garnieren.

Im Ofen bei 180° C überbacken, bis sich das Ganze gesetzt hat (ca.50 Min.).

Tipp: Bobotie kann auch gut eingefroren werden. Auftauen und dann Schritte 3 und 4.

Als Beigabe genügt ein Salat.

Maishühnchen mit Sesam-Ingwer-Soße
6 Portionen

Dieses köstliche Rezept haben wir von einer lieben Freundin in Chicago. Es ist also ein amerikanisches und zeigt, dass man selbst in MacDonald-Land durchaus auch lecker kochen kann. Wenn wir uns das so durch den Kopf gehen lassen: Man könnte statt der Maishühnchen auch kleine Perlhühner oder Wachteln nehmen. Aber die bekommt man im Unterschied zu den Maishühnchen nicht immer und überall.

Zutaten:

½ Tasse Sojasoße
¼ Tasse Dijon-Senf
¼ Tasse braunen Zucker

2 Esslöffel fein gehackten frischen Ingwer
2 Esslöffel Sesamöl
3 Maishühnchen
1 Esslöffel Sesamkörner

Zubereitung:

Die Maishühnchen der Länge nach halbieren und Rückgrat samt Rippen sorgsam entfernen.

Ingwerwurzeln schälen und fein hacken. Sojasoße, Sesamöl, Senf und Zucker mit dem Ingwer verrühren. Die Hälfte dieser Marinade in einem kleinen Soßentopf beiseitestellen.

Die andere Hälfte der Marinade in eine ausreichend große (etwa 40 x 20 x 10 cm) Lasagneschale gießen und Hühnchenhälften mit der Haut nach unten einlegen. Etwa 30 Minuten bei Raumtemperatur oder bis zu 4 Stunden im Kühlschrank ziehen lassen und zwischendurch die Hälften umdrehen.

Backofen auf ca. 220° C vorheizen. Auf ein Backblech eine starke Aluminiumfolie legen und die Ränder (etwa 5 cm) hoch knicken. Die Hühnchenhälften mit der Haut nach oben einlegen und mit den Sesamkernen bestreuen.

Etwa 40 Minuten im Ofen braten, bis die Hühnchen leicht braun sind. Diese auf einer Servierplatte warm stellen.

Den Bratensaft zu der in einem Soßentopf beiseitegestellten Marinade gießen und unter häufigem Umrühren aufkochen. Dann noch etwa 5 Minuten köcheln lassen, bis die Soße an einem Löffel hängen bleibt. Gegebenenfalls mit ein wenig in kaltem Wasser angerührtem Mondamin binden.

Jansons frestelse
4 Personen

Das ist ein schwedisches „Nationalgericht" und heißt auf Deutsch Jansons Fressvergnügen oder auch Versuchung. Eigentlich nur eine Variante eines gewöhnlichen Kartoffelgratin mit Heringen. In Schweden wird es ohne den Hering oft zum oben (Seite 41) vorgestellten gravad Oxfilé beigegeben. Die Zubereitung:

Zutaten:

8 Matjesfilets	500 g Kartoffeln (festkochend)
$1/8$ Liter Milch	Weißer Pfeffer und etwas Salz
ca. 125 g Butter	300 ml. Sahne
	4 Große Zwiebeln

Zubereitung:

Zunächst die Matjesfilets in einer flachen Schüssel mit der Milch übergießen und so viel Wasser dazutun, dass sie bedeckt sind. Darin zwei bis drei Stunden wässern.

Danach die Kartoffeln schälen, in dünne Scheiben schneiden und abtrocknen lassen (ggfls. mit Küchenpapiertuch abtupfen).

Die Zwiebeln ebenfalls enthäuten und in Scheiben schneiden.

Matjesfilets abspülen, mit Küchenpapiertuch trocknen und dann in feine Streifen schneiden. Gegebenenfalls dabei Gräten entfernen.

Flache, feuerfeste Glasform innen mit Butter gut ausfetten.

Die Sahne mit wenig Salz und weißem Pfeffer würzen und verrühren.

Zwiebeln in etwa 80 g Butter glasig dünsten.

Eine Lage der Kartoffelscheiben einlegen. Leicht mit Pfeffer und Salz (wenn überhaupt, dann wenig, weil ja die Matjes schon salzig sind!) würzen. Zwiebelscheiben darüber legen und oben drauf die Matjesstreifen. Die Hälfte der gewürzten Sahne darüber gießen. Das Ganze wieder mit einer Schicht Kartoffelscheiben abdecken, und darauf noch ein paar Butterflöckchen verteilen.

Die gefüllte Form auf unterster Schiene in einen auf 200° vorgeheizten Backofen geben und etwa eine halbe Stunde backen. Sodann die andere Hälfte der Sahne übergießen und weitere 15 Minuten backen.

Dazu kann man einen Salat (grün, bunt – egal) und/oder Rote Bete servieren. Traditionell gehört ein leichtes, helles Bier als Getränk dazu (und zum Schluss ein Aquavit).

Lachs - Lasagnetaschen
4 Portionen

Zutaten:

Salz, 1 Esslöffel. Öl
8-10 Lasagneblätter
400 g Lachsfilet
12 rohe Riesengarnelen o. Kopf à ca. 30g
2 Limetten
800g Zucchini

1 Esslöffel. Butterschmalz

1 Bund dünne Lauchzwiebeln
frisch gemahlener Pfeffer
Fett für die Form
1 Esslöffel. Olivenöl

150 ccm. Sahne
125 g. Doppelrahm-Frischkäse
2 Eier
1 Bund Dill

Zubereitung:

Reichlich Wasser mit Salz und Öl zum Kochen bringen. Lasagneblätter hineingeben und 5 - 10 Min. weich kochen (auch wenn auf der Packung steht, dass nicht vorgekocht werden muss, denn sie lassen sich sonst nicht formen!). Mit Schaumkelle herausnehmen und in eine Schüssel mit kaltem Wasser geben, damit sie nicht aneinander kleben.

Riesengarnelen aus den Schalen lösen und längs halbieren. Den dunklen Darm entfernen. Mit Limettensaft beträufeln und abgedeckt in den Kühlschrank stellen.

Lachfilets in Würfel schneiden und in Butter dünsten.

Zucchini waschen und die Enden abschneiden. Auf Rohkostreibe grob raffeln und ca. 1 Min. im heißen Fett andünsten. Raspel gleich wieder aus der Pfanne nehmen und mit gehacktem Dill und Lauchzwiebelringen mischen. Den von den Garnelen abgetropften Limettensaft zum Gemüse geben.

Garnelen und Gemüse kräftig mit Salz und Pfeffer würzen.

Lasagneblätter trocken tupfen, längs in längliche Taschen knicken. Diese nebeneinander in eine ofenfeste, gefettete Auflaufform setzen. Taschen mit dem Gemüse und Lachswürfeln füllen und mit den Garnelen belegen. Garnelen mit Olivenöl bestreichen, damit sie nicht austrocknen.

Sahne, Frischkäse und Eier verrühren und kräftig mit Salz und Pfeffer würzen. Zwischen die Teigtaschen gießen.

Die Auflaufform in den auf 175° C (Umluft: 150° C) vorgeheizten Backofen schieben und ca. 20 Min. backen.

Riesengarnelen nach 10 Min. nochmals mit Öl bestreichen.

Seezungenfilets
4 Portionen

Zutaten:

10 g Butter	½ Zitrone, Salz, Pfeffer
250 g frische Champignons	125 g Nordseekrabben (Shrimps)
12 Seezungenfilets	1 Essl. Speisestärke
4 Essl. Weißwein	5 Essl. Sahne

Zubereitung:

Backofen auf 225° C vorheizen.

Butter in feuerfeste Glasform bei geringer Hitze zerlassen.

Champignons waschen, putzen, halbieren und zur Butter geben. Offen dünsten.

Seezungenfilets waschen und mit Zitronensaft beträufeln.

Champignons von der Kochstelle nehmen.

Seezungenfilets leicht salzen, pfeffern und in Röllchen nebeneinandersetzen.

Weißwein darüber gießen und mit Deckel darüber auf die unterste Backofenschiene schieben. 20 Minuten dünsten.

Krabben in die Seezungenröllchen füllen, weitere 7 Minuten dünsten.

Speisestärke und Sahne verrühren, die Platte mit den Seezungenröllchen auf die heiße Kochplatte stellen, Sahne/Stärke einrühren und kurz aufkochen lassen.

Lachs-Spinat-Auflauf
4 Portionen

Zutaten:

1 Paket Tiefkühl-Blattspinat (300g)	1 Zitrone
400g Lachsfilet	2 Tomaten
2 TL rosa Pfefferbeeren	250 g Frischkäse
150 g Crème fraîche	50 g geriebener Parmesan-käse
2 mittelgroße Eier	3 Schalotten
Salz, gemahlener Pfeffer	2 EL Öl
Frisch gerieben Muskatnuss	Fett für Förmchen

Zubereitung:

Blattspinat auspacken und auftauen lassen. Zitronensaft auspressen.

Lachsfilet abspülen, trocken tupfen und in lange Streifen schneiden, salzen und mit Zitronensaft beträufeln.

Tomaten fein würfeln. Pfefferbeeren im Mörser zerstampfen.

Frischkäse und Crème fraîche glatt rühren. Eier und Parmesan hinzugeben. Alles gut verrühren und mit Salz, Pfeffer und Pfefferbeeren würzen.

Schalotten abziehen, fein würfeln und in heißem Öl andünsten. Hierzu den leicht ausgedrückten Spinat und die Tomatenwürfelchen geben, sowie mit Salz, Pfeffer und Muskat abschmecken.

Abwechselnd Spinat, Lachs und die Käsecreme in vier kleinere, feuerfeste und gefettete Gratinförmchen oder in eine größere Form schichten.

Im vorgeheizten Backofen (220° C, Umluft 180° C) backen. Bei 4 kleinen Förmchen etwa 15 Minuten, die große etwa 30 Minuten.

Wenn Reis dazu gereicht wird, reicht die Menge gut auch für sechs Personen.

Provençalischer Gemüsegratin

4-5 Portionen

Zutaten:

6 große Kartoffeln	8 Schalotten
2 große rote Paprikaschoten	1 Knoblauchzehe
2 Auberginen	4 - 6 Fleischtomaten
3 mittelgroße Zucchini	Thymian, Olivenöl, schwarzer und weißer Pfeffer

Zubereitung:

Gratinform einölen, Kartoffeln in Scheiben schneiden, auf den Boden der Form legen, salzen und mit Thymian bestreuen.

Die anderen Gemüse (außer den Tomaten) waschen und klein schneiden. Schalotten und Knoblauch grob hacken.

Tomaten 20 Sekunden in kochendes Wasser legen und dann enthäuten und in Scheiben schneiden.

Lagenweise das Gemüse schichten und mit Thymian, Öl und Pfeffer würzen. Tomatenscheiben dicht an dicht obenauf legen und ebenfalls würzen.

Zu oberst reichlich mit dünnen Scheiben Frühstücksspeck belegen, dann wird es besonders lecker.

Ofen auf 200° C vorheizen. Form in die Mitte des Ofens stellen, etwas herunterschalten und 1 Stunde garen lassen.

Gratinierter Spargel
4 Portionen

Dies ist eine 100%-ige Eigenerfindung, welche die Mitautorin in Südafrika entwickelt hat. Dort gibt es nämlich insbesondere im nördlichen Grenzgebiet um Lesotho herum im früheren „Oranje-Freistaat" (heute nur noch „Freistaat") mit Zentrum bei der Kleinstadt Bethlehem einen vormals von deutschen Einwanderern eingeführten beachtlichen Spargel-Anbau. In der Tat wurde von dort aus vor allem in der zweiten Hälfte der neunziger Jahre, nach dem Ende der Apartheid, während des dortigen Frühjahrs, bei uns also im Herbst, hervorragender weißer Spargel auch nach Deutschland exportiert [1]. Heutzutage bekommt man, wenn überhaupt, kaum noch Spargel aus Südafrika. Inzwischen kommt er nämlich zumeist aus Peru, wo nach eigenen Angaben 60.000 Menschen mit der Spargelzucht befasst sein sollen. Damals in Südafrika jedenfalls bekamen wir in der Saison jede Menge besten Spargels direkt von der Farm und dabei oft auch noch gratis einen Beutel Spargelbruch dazu. Und um den geht es hier, denn nur eine Suppe daraus zu machen oder etwa in Hühnerfrikassee zu verarbeiten fanden wir irgendwie zu schade, auch weil eine Menge vom „Besten", nämlich Spargelköpfe dabei waren.

Und da kam dann folgende Idee: Warum nicht die Spargelstücke in eine Ein-Portions-Lasagneform schichten, eine Scheibe Schinken drüber und das Ganze mit Käse überbacken? Das schmeckte uns dann so gut, dass wir meinten, eine wunderbare Alternative zum sonst üblichen Stangenspargel mit Schinken, Kartoffeln und zerlassener Butter oder der klassischen *Sauce hollandaise* gefunden zu haben.

Voilá: hier das Rezept, das im Übrigen auch bestens geeignet ist für eine

---

[1] Immerhin müssen diese Spargelexporte nach Deutschland damals so bedeutend gewesen sein, dass die deutschen Spargelbauern während der Agrarhandelsverhandlungen zwischen Südafrika und der Europäischen Union Schutz vor solcher „Konkurrenz" verlangt hatten, obwohl in Deutschland im Oktober und November die Spargelsaison natürlich längst vorbei ist! Auf die Idee, zum Ausgleich ihrerseits während des dortigen Herbstes Spargel nach Südafrika exportieren zu können, sind sie wohl nicht gekommen!

schnelle Mahlzeit:

Zutaten:

4 Pfund frischen, weißen Spargel	Kräutermix
ca. 50 g weiche Butter	200g geriebenen Käse
200 g gekochten Schinken	1 Baguette

Zubereitung:

Spargel wie gewohnt schälen und auf die Länge der Lasagneform kürzen. Je nach Dicke der Stangen ca. 12 bis 15 Minuten in Wasser mit einem Stückchen Butter und einem Teelöffel Zucker kochen.

Währenddessen die Lasagneformen mit Butterflöckchen auskleiden und Kräutermix darüber streuen.

Gekochte Spargelstangen in die Formen legen und Lücken mit den Abschnitten auffüllen. Nochmals mit etwas Kräutermix bestreuen. Eine Scheibe gekochten Schinken darüber legen und diese schließlich etwa 2 – 3 mm hoch mit dem geriebene Käse bestreuen (gegebenenfalls etwas andrücken).

Gefüllte Formen in einen auf 220° C vorgeheizten (Umluft nur 200° C) Backofen schieben und dort backen lassen, bis der Käse geschmolzen ist und sich leicht zu bräunen beginnt.

Mit Baguette oder Ciabatta servieren, um damit den köstlichen Sud, der sich gebildet hat, aufzutunken.

Koriander-Reis mit Kürbis und Lamm-Hackbällchen
4 Portionen

Zutaten:

400 g Lamm-Hackfleisch	750 g Kürbis
4 Scheiben Toast, aufgeweicht in Wasser	250 g Paprikaschoten
2 Eier	200 g Basmati-Reis
Salz	1 walnussgroßes Stück Ingwer
1 Teelöffel edelsüßer Paprika	8 Teelöffel Speiseöl
2 Knoblauchzehen	1 Teelöffel Zucker
1 Messerspitze Safran	½ Teelöffel Sambal Oelek

2 Esslöffel frisch gehackter Koriander

Zubereitung:

Hackfleisch mit dem ausgedrückten Toast, Eiern, einer Prise Salz, dem Paprikapulver und einer ausgepressten Knoblauchzehe vermischen und durchkneten. 12 Bällchen formen und etwa 20 bis 25 Minuten kühl stellen.

Reis in ½ Liter Wasser, eine Prise Salz und dem Safran kochen.

Kürbis schälen und würfeln; Paprika waschen, in dünne Streifen schneiden und diese würfeln.

Knoblauch und Ingwer sehr fein hacken und anschließend in 3 Esslöffel heißes Öl geben. Kürbis dazugeben und mit Salz, Zucker und Sambal abschmecken, 6 Esslöffel Wasser zugeben und 10 Minuten köcheln lassen. Dann gewürfelten Paprika zugeben, Topf abdecken und 3 bis 5 Minuten ruhen lassen.

Währenddessen den Rest des Öls erhitzen und die Hackbällchen darin etwa 8 bis 10 Minuten rundum braten.

Reis, den gehackten Koriander und das Gemüse vermischen und 3 Minuten ziehen lassen. Sodann mit den Fleischbällchen anrichten.

Mole poblano mit Huhn
4 Portionen

Dies ist eines der zahllosen „typischen" mexikanischen Gerichte und gehört in die Sammlung der Nationalspeisen. *Mole*, so wissen wir ja schon von den Vorspeisen her (Seite 33), bedeutet so etwas wie Mus. Und *poblano* besagt, dass dieses Gericht aus Puebla stammt. Der Legende nach soll es in einem Nonnenkloster „erfunden" worden sein, als eines Tages ein Inspektionsbesuch des Bischofs so kurzfristig angesagt gewesen war, dass keine Zeit mehr für Planungen, geschweige denn die nötigen Einkäufe übrig blieb, um ein angemessenes Mahl für den hohen Besuch zu bereiten. In ihrer Verzweiflung kippten die Nönnchen dann eben alles zusammen, was noch so an Resten und Zutaten im Kloster vorhanden war und zauberten daraus eine *Mole*. Offenbar war auch noch ein Stückchen Schokolade da, die dem Gericht seine besondere Geschmacksnote gab. Schon die alten Azteken hatten mit Schokolade gekocht, die sie ja bekanntlich erfunden und ihr den weltweit verbreiteten Namen („*chocolatl*") gegeben hatten. Und wer weiß, ob nicht schon damals die alten Azteken ihre Schokolade nicht auch schon mit Chili oder Pfeffer gewürzt hatten, wie das heute so bei edlen und teuren Bitterschokoladen „in" ist?

Heutzutage wird *Mole poblano* meistens zusammen mit Hühnchenschlegeln und Reis serviert.

Zutaten:

80 g dunkle Schokolade	½ Liter Hühnerbouillon
5 mittelgroße Chilischoten * ,	Zimt, Nelken, schwarzer Pfeffer, Salz
1 Paprikaschote	
2 mittelgroße Fleischtomaten	2 Esslöffel Sesamkörner
150 g gemahlene Mandeln	2 Knoblauchzehen
50g Paniermehl	2 Zwiebeln
1 Bund frischer Koriander	2 Esslöffel Olivenöl

1 Bund Petersilie	1 Banane
1 frisches Huhn, 2 Hühnerschlegel	Reis

* wenn erhältlich, sollte man scharfe, mittelscharfe und mildere Chilischoten nehmen und diese mischen.

Zubereitung:

Chilischoten halbieren, entkernen und Stege entfernen. Über Nacht in Salzwasser einlegen.

Eingelegte Chilis gut abspülen. Ebenso wie Zwiebeln, Koriander, Petersilie und 1 Knoblauchzehe fein hacken. Pfeffer, je einer Prise Zimt und Nelken zugeben. Das alles zusammen mit den Semmelbröseln in Öl kurz anbraten. Aus der Pfanne nehmen, abtropfen lassen und beiseitestellen.

Das Huhn ausnehmen, wenn es noch Innereien hat, Schlegel trennen und separat legen. Den Rest des Huhns zerkleinern und (gegebenenfalls mit den Innereien) zusammen mit der angebratenen Chili-Zwiebel-Mischung in einen Topf geben. Das Ganze mit Wasser auffüllen, bis es bedeckt ist. Kurz aufkochen und dann etwa eine Stunde mit kleiner bis mittlerer Stufe köcheln lassen. Abschließend Brühe durch ein Sieb geben.

Währenddessen Tomaten und Paprikaschote kurz abbrühen, abziehen und würfeln. Zweite ausgepresste Knoblauchzehe und Banane zugeben und das Ganze pürieren.

Die Hühnerkeulen anbraten und das soeben bereitete Püree zugeben. Nach und nach Hühnerbrühe zugeben, damit die Masse nicht zu dick wird. Gegebenenfalls Nachwürzen.

Schokolade raspeln und mit dem Rest der Brühe und einer Prise Zucker erhitzen und zugeben. Nach insgesamt 20 bis 30 Minuten sollten dann auch die Keulen gar sein.

Weitere Zutaten: Da es sich bei der *Mole poblano*, wie eingangs geschildert, ursprünglich um ein Resteessen handelt, könnte man zu dem Püree z. B. auch Rosinen, gehackte Mandeln, Kürbissamen, Kreuzkümmel, Fenchel, Anis oder Nelken zugeben und so geschmackliche Varianten zaubern.

Carne asada tampiqueña
4 Portionen

Weit verbreitet ist der Irrtum, *Chili con Carne* sei **das** typische mexikanische Nationalgericht. Tatsächlich dürfte es aber ebenso wenig mexikanisch sein wie vermutlich das serbische Reisfleisch serbisch. In Mexiko jedenfalls kennt man es bestenfalls als US-Import einer Speise, wie sich eben ein Tex-Mex-Amerikaner mexikanisches Essen so vorstellt. So ähnlich wie bei uns das „serbische Reisfleisch", welches in Serbien angeblich auch niemand kenn. In Wahrheit zeichnet sich die mexikanische Küche jedoch durch eine außergewöhnliche Vielfalt aus. Jede Region hat ihre besonderen Köstlichkeiten und eigentlich kann man insoweit kaum von *einer* mexikanischen Küche reden, sondern nur von regionalen oder gar lokalen Küchen.

Carne tampiqueña jedoch ist ebenso wie die oben beschriebene *mole poblano* „authentisch" und in ganz Mexiko beliebt. Es stammt - wie der Name besagt - aus der Hafenstadt Tampico und gehört zu unseren Lieblingsrezepten, auch weil es nicht nur am „festlichen" Tisch mundet, sondern sich bestens auch für eine Grillparty im Freien eignet. Außerdem kann man davon eine kleine und eine große Version zubereiten. Jedenfalls: Nicht abschrecken lassen! Es ist weniger kompliziert, als es auf den ersten Blick aussieht.

Zunächst einmal die Grundversion:

Zutaten:

Ca. 500 g Rump- oder Hüftsteak vom Rind	100g geriebener Käse
1 Chilischote	2 Zitronen oder Orangen
1 Tomate	4 Esslöffel Speiseöl
1 Knoblauchzehe	1 Bund frischer Koriander
1 – 2 Zwiebeln	Salz, Pfeffer

1 Dose schwarze Bohnen   1 Romana Salat
4 – 6 Tortillas   Reis
            Evtl. 1 Becher crème fraîche

Zubereitung:

Zunächst einmal, und das ist das ganze Geheimnis für diese Köstlichkeit, muss das Fleisch mariniert werden. Für die Marinade die Tomate, 1 Zwiebel, den Knoblauch und die fein gehackte Chilischote (ersatzweise ein paar Spritzer Tabasco-Soße), je 1 Prise Salz und Pfeffer, den Saft von den Zitronen oder Orangen und das Speiseöl mit Schnellmixstab verquirlen.

Das Fleisch sollte, damit die Marinade gut durchzieht, in dünne Scheiben (etwa ½ cm), ähnlich wie für Rinderouladen, geschnitten und für ein paar Stunden (gegebenenfalls auch über Nacht) in der Marinade eingelegt und in den Kühlschrank gestellt werden.

Zu diesem Gericht gehört unbedingt auch die *Guacamole*. Das Rezept dafür findet sich auf Seite 33. Allerdings sollte die Guacamole nicht früher als höchstens eine Stunde vor dem Servieren zubereitet werden, damit sie nicht braun wird!

Ferner gehören die traditionellen *frijoles* dazu. Die werden aus den schwarzen Bohnen (Kidney-Bohnen) gemacht, indem man diese ebenfalls mit dem Schnellmixstab mit etwa der Hälfte der Lake zu einer Art Paste vermust und mit etwas fein gehackter Chili (oder gegebenenfalls ein paar Spritzer Tabasco-Soße), Pfeffer und Salz abschmeckt und, wenn man es mag, auch einen Teelöffel frischen Koriander zugibt.

Reis wie gewohnt kochen. Warm stellen.

Zuletzt werden die Fleischscheiben entweder in einer Grillpfanne oder auf dem Holzkohlegrill etwa 2 Minuten von jeder Seite gegrillt.

Serviert wird das Ganze, indem man auf einen Essteller auf je ein Blatt Romana-Salat je eine Portion Guacamole und Frijoles gibt, daneben etwa zwei Esslöffel Reis legt, die Grillscheibe(n) auf eine Tortilla legt und mit dem gerieben Käse überstreut. Für die Tortillas – man benötigt dann entsprechend mehr davon – gibt es eine Variante: Tortilla mit der übrig gebliebenen Marinade bestreichen, zusammenklappen und nochmals mit der Marinade bestreichen. Zwei von diesen so vorbereiteten Tortillas überlappend nebeneinander und darauf dann das Fleisch darauf legen. Statt der Marinade könnte man auch *Salsa* (Rezept auf Seite31) nehmen.

Und wenn man es richtig üppig mag, kann man zu dem Ganzen noch einen Klacks crème fraîche geben.

Noch ein Wort zu den Tortillas: Heutzutage bekommt man fast in jedem Supermarkt in den Abteilungen für exotische Küche fertig abgepackte Tortillas aus Weizenmehl. Leider nur selten bekommt man auch solche aus Maismehl. In Mexiko sind die Tortillas aber immer aus Maismehl. Meist übrigens angereichert mit etwas Kalk, was ihnen einen ganz typischen Geschmack gibt, der entfernt ein wenig an Mottenpulver erinnert. Wir nannten die Dinger deshalb auch immer „Mottenfiffis". Aber irgendwie gehört dieser Duft einfach dazu.

Wer es also ganz „authentisch" haben will, der muss sich die Tortillas wohl oder übel selber machen. Und das geht so:

Maistortillas
14 Stück

Benötigt wird lediglich je ca. 200 g Mais- und Weizenmehl (Maismehl gibt es jedenfalls im Reformhaus oder im entsprechenden „Bio"-Regal eines gut sortierten Supermarktes), 1 TL Salz und etwa 300 ml warmes Wasser (eher etwas weniger).

Mehl und Salz in eine Schüssel geben und vermischen. Nach und nach Wasser zugeben und die Masse kneten, bis ein weicher, aber „trockener" Teig entsteht, der nicht mehr kleben darf.

Den Teig in 14 gleiche Stücke teilen und 1 Stunde ruhen lassen. Man kann aber den Teig auch erst im Stück ruhen lassen und dann hinterher zerteilen.

Danach jedes Teigstück mit Mehl bestäuben, zwischen ebenfalls mit Mehl bestäubtes Back- oder Pergamentpapier bzw. Plastikfolie legen und dünn (ca. 1mm) ausrollen (ca. 15 – 20 cm Durchmesser).

Eine entsprechend große, Teflon-beschichtete Pfanne leicht mit Speiseöl auswischen und erhitzen. Eine Tortilla hineinlegen und von jeder Seite etwa 1 bis 1 ½ Minuten backen, bis sie an der Oberfläche Blasen wirft.

Tortillas unter einem warmen Tuch oder im auf 80 bis 100°C vorgeheizten Backofen warmhalten, bis alle fertig sind.

Nun noch zur großen Version des carne tampiqueña: Die unterscheidet sich nur dadurch, dass zur kleinen Version noch ein oder zwei *fajitas* (mit einer Füllung gerollte Tortillas) beigegeben werden. Das ist ziemlich einfach und unkompliziert. Es geht lediglich darum, die Füllung für die Fajitas zuzubereiten. Da die Hauptkomponente bereits aus Rindfleisch besteht, empfiehlt es sich für den Kontrast, Hühner- oder Putenfleisch zu nehmen. Dieses wird in dünne Streifen geschnitten, nach Geschmack mit Pfeffer, Salz und Chilis gewürzt und kurz in heißem Öl gebraten. Sehr gut schmecken dazu auch noch mitgebratene Würfelchen aus Paprika (rot, grün, gelb – egal).

Aus logistischen Gründen empfiehlt es sich, die Fajitas noch vor dem Grillen des Fleisches fertigzumachen und im Backofen bei ca. 120° - 150° C warmzuhalten. In diesem Fall könnte man zur Geschmacksverfeinerung vor dem Rollen noch ein wenig geriebenen Käse über die Füllung streuen, der während des Warmhaltens schmilzt.

Schließlich: Bei dieser „großen" Version braucht man wohl kaum noch Reis!

Grillparty

Das soeben vorgestellte *carne tampiqueña* kann man wie gesagt auch im Freien auf dem Holzkohle-Grill anrichten. Das gibt uns das Stichwort zur Grillparty. Beliebt in allen warmen und sonnigen Ländern. Ein einziges Mal in unserem langen Gastgeberleben hat uns eine solche Grillparty aber fast an den Rand des kulinarischen Offenbarungseids gebracht. Und das kam so: Wieder einmal war eine Delegation, dieses Mal nicht nur von Parlamentariern, sondern auch von Wirtschaftsleuten aus einem Bundesland mit dem Wirtschaftsminister an der Spitze unterwegs und hatte – natürlich für einen Sonntagnachmittag/abend – als krönenden Abschluss des „landeskundlichen" (Näheres hierzu auf Seite 161), also eher touristischen Teils ihrer Reise um ein politisches und wirtschaftliches *Briefing* über die gegenwärtige Lage unseres Gastlandes gebeten.

Es versprach an dem Tag warm und sonnig zu werden, und wir hatten einen große Terrasse. Da bot sich also eine auch für das subtropische Gastland angemessene Grillparty an, um das Nützliche mit dem Angenehmen zu verbinden. Die Mitautorin musste sich allerdings zu allem Unglück am Sonnabendvormittag erst noch einen Weisheitszahn ziehen lassen, zog danach aber unbeirrt von den Nachwirkungen der örtlichen Betäubung und mit geschwollener Backe geradezu todesmutig noch für den Einkauf durch die Supermärkte, um die nötigen Zutaten zu besorgen. Als ob das nicht schon genug gewesen wäre, stellte sie sich am Nachmittag noch für die Vorbereitungen in die Küche (aber immerhin mit tätiger Unterstützung durch ihren Ehe-Chauvi, der trotzdem auch selbst gelegentlich gerne und nicht ganz erfolglos den Kochlöffel schwingt).

Zum Kochen für Deutschland war für die Arme also auch noch das Leiden fürs Vaterland hinzugekommen. Das wurde obendrein noch damit belohnt, dass uns – wie gesagt zum ersten und Gott sei Dank auch letzten Mal in unserem Verköstigungsbetrieb – die Vorräte sowohl an Essen als auch an Getränken auszugehen drohten. Dabei hatten wir schon Berge von Fleisch besorgt und befürchteten eher, am Ende wie auch sonst immer noch erhebliche Reste in Folie einschweißen und in die Tiefkühltruhe legen zu müssen.

Das Geheimnis der Erfolgs? Nun, zum einen wohl die Tatsache, dass der Gastgeber persönlich am Grill stand, was mindestens ebenso guten Eindruck machte wie hierzulande ein Schild vor der Tür von Landgasthöfen mit der Aufschrift: „Hier kocht der Chef selbst!" Zum anderen aber, und wohl eher entscheidend: Alles war selbst zubereitet. Es gab eben nicht die üblichen Grillsoßen von Knorr oder der Firma mit den 57 Varianten, sondern selbstgemachte. Wie das geht, wurde bereits auf Seite 43 beschrieben. Es gab unter anderem den amerikanischen Salat (Rezept auf Seite 49), den Spinatsalat (Rezept auf Seite 53), Guacamole (Rezept auf Seite 33) und Salsa (Rezept auf Seite 31). Und das Fleisch (alles, was der Magen begehrt: Rind, Schwein, Lamm, Hähnchenbrüste) war eben nicht mit den fertigen Marinaden aus dem Supermarkt, sondern mit selbstgemachten vorbereitet.

Marinaden selbst zu machen ist - wie bereits oben beim *carne tampiqueña* gezeigt - eigentlich ganz einfach: Sie alle basieren zunächst einmal auf Speiseöl. Das muss nicht unbedingt Oliven-, sondern kann ebenso gut auch Sonnenblumen-, Mais- oder Rapsöl sein. Und dann kommt es eigentlich nur noch auf das Würzen an – ganz nach Geschmack. Anregungen dazu kann man unter dem Stichwort Soßen auf Seite 43 nachlesen. Es reicht dann schon, wenn das Fleisch mindesten 3 – 4 Stunden vor dem Grillen in der Marinade gelegen hat. Noch zarter und auch saftiger wird es allerdings, wenn man es über Nacht im Kühlschrank ziehen lässt.

Zurück zur beinahe-desaströsen Grillparty: Wir hatten schon zwei Grills in Betrieb, davon einer mit etwa 100 x 40 cm Fläche, der andere etwa 40 x 40, was für etwa zwei Dutzend Gäste normaler weise mehr als ausreichend gewesen wäre. Gleichwohl standen noch vor Ende des ersten Durchgangs Gäste bereits für die zweite Runde an, sodass der Grillmeister redlich Mühe hatte, „nachzukommen". Wir hatten so etwas noch nie erlebt. Und plötzlich war der Riesenberg von Fleisch (und natürlich auch Bratwürsten) nahezu abgebaut, sodass wir – anstatt wie erwartet noch Reste einfrieren zu müssen – sogar noch Vorräte aus der Tiefkühltruhe auftauen mussten. Zu guter Letzt neigte sich auch das Bier eben so plötzlich dem Ende zu. Gott sei Dank hatte noch ein Kollege in der Nähe etwas vorrätig, was dann schnell auch noch herbeigeschafft wurde.

Aber das *politische briefing* fand natürlich auch noch statt, damit da nur keine Missverständnisse entstehen! Schließlich macht es sich sowohl in der eigenen Personalakte als auch in den Reiseberichten der Delegation gut, wenn sogar am Sonntag noch gearbeitet wurde, nicht wahr? Jedenfalls ein für uns denkwürdiger „Arbeitsgrill"!

Hinterher haben wir uns dann doch noch überlegt, ob wir uns nicht selbst über-, sondern vielmehr einfach nur den Hunger der Gäste nach einem langen Tag unterschätzt hatten. Obwohl wir vorbereitet hatten: *mindestens je eine Portion pro Nase* von Rinderfiletsteak, Schweinekotelett oder – Schnitzel, Lammfleisch, Hühnerbrust und zwei bis drei Bratwürste ...

Maultaschen
4 Portionen

Zunächst einmal zur Legende. Der zufolge heißen diese Schwaben-Ravioli angeblich so, weil sie im Kloster Maulbronn erfunden worden sein sollen. So ähnlich wie oben bei der *mole poblano* (Seite 106) geschildert war auch dort einmal kurz vor Ostern die Inspektion durch einen Kirchenoberen angesagt. Und um zu verbergen, dass die Mönchlein das Fastengebot brachen und doch Fleisch genossen, haben sie es zur Tarnung mit Spinat vermischt, damit es grün aussah, und das Ganze noch in Nudelteig verpackt. Etwa so ähnlich wie bei den Getränken der „Pharisäer" in Norddeutschland, in dem der Schuss Alkohol im Kaffee noch unter einem Sahnehäubchen als Geruchsbarriere verborgen wird.

Unsere Maultaschen haben darüber hinaus noch eine persönliche Vorgeschichte. Dem ist vorauszuschicken, dass wir eine Ausländer-Ehe führen: Die Mitautorin stammt aus Hamburg, genauer Blankenese, der Mitautor hingegen ist Schwabe und in Tübingen aufgewachsen. Bekanntlich gibt es nicht nur in Deutschland, sondern vielleicht sogar in ganz Mitteleuropa eine fortlaufend in Nord-Süd-Richtung wandernde Grenze zum Balkan. In Hamburg z.B. beginnt der Balkan südlich von Altona, in Frankfurt südlich des Mains und im Schwabenland südlich der Donau usw. usf. Umgekehrt gilt das in Richtung Norden für die Grenze zu Skandinavien. Für uns beide war es vor diesem Hintergrund recht amüsant, dass wir in Stockholm dann alle beide aus dem „Balkan" kamen. Dort beginnt der Balkan nämlich südlich von Malmö, und das liegt nördlich von Blankenese. Umgekehrt waren wir demnach auf unserem ersten Posten in Genf beide Skandinavier.

Zurück zu der Vorgeschichte: Maultaschen waren Grund und Anlass für unseren ersten Ehekrach: Die Skandinavierin wollte dem Balkanier eine kulinarische Freude bereiten und machte sich an die Herstellung schwäbischer Maultaschen. Letzterer kam vielleicht etwas zu früh schon während derer Vorbereitung vom Dienst nach Hause und schaute erst einmal zu, als er die unverzeihliche Bemerkung tat, dass „Emma" das aber immer so und so, nicht so gemacht habe. Worauf der Batzen Nudelteig für die Taschen durch die Küche flog, jedoch sein sich feige weckduckendes Ziel verfehlte und an der Wand kleben blieb. Dabei war „Emma" gar nicht seine Mutter (da wäre solche Eifersucht ja noch verständlich gewesen), sondern „nur" die ehemalige Zimmerwirtin des Mitautoren, die seinerzeit „ihre" Studenten vor allem während der Examensvorbereitungen zur Erleichterung derselben gelegentlich zu bekochen pflegte, unter anderem eben auch mit Maultaschen.

Danach blieben Emmas Maultaschen über viele, lange Jahre hinweg das Maß aller Maultaschen, weil schlicht und einfach alle weiteren Versuche zum „Nachbau" unterblieben. Bis zu dem Tag, als wir ein schwäbisches Kollegen-Ehepaar zum Abendessen eingeladen hatten, das irgendwann einmal von Maultaschen geschwärmt hatte. In diese Vorbereitungen nun platzte der Mitautor nicht hinein mit seinen dummen Kommentaren. Dieses Mal kam er vielmehr erst *post festum* und vor allem nichts ahnend nach Hause und bekam wortlos einen Teller mit den fertigen Maultaschen zum Probieren vorgesetzt. Seither sind für ihn nun die skandinavischen Maultaschen die „Mutter aller Maultaschen", was er zur Vermeidung weiterer Konflikte Emma sorgsam verschwiegen hat ...

Diese Maultaschen haben dann nach Jahren ihren Siegeszug bis nach Südafrika angetreten. Da wohnten wir nämlich nicht sehr weit entfernt vom *„Country Club"*, dessen Restaurant zufälliger Weise einen deutschen Pächter hatte, mit dem wir uns anfreundeten. Der war aber kein Schwabe, sondern Hesse und kannte Maultaschen nur vom Hörensagen. Ja, und dem hat die Mitautorin gezeigt, wie man sie macht. So hin und wieder haben die beiden dann in der Großküche Maultaschen in Serie produziert. Die Dinger lassen sich nämlich auch vorzüglich einfrieren.

Nach diesen Vorgeschichten nun also zum Rezept!

Zutaten:

375 g Mehl	1 Bund Petersilie
4 Eier	200 g gemischtes Hackfleisch
2 Esslöffel Essig, etwas Salz	200 g Kalbsbrät
1 Paket (150 g) tiefgefrorener	1 Liter Fleischbrühe

Spinat
1 Brötchen

2 Zwiebeln
Salz, Pfeffer

Zubereitung:

Das Mehl durchsieben, mit zwei verquirlten Eiern, 8 Esslöffeln Wasser und Essig zu einem geschmeidigen Teig kneten. Diesen etwa 1 Stunde ruhen lassen.

Spinat auftauen (man kann aber auch eine entsprechende Menge frischen Spinats blanchieren!). Das Brötchen (möglichst ein altbackenes) in Wasser aufweichen. Zwiebeln schälen und wie auch die Petersilie fein hacken.

Für die Füllung Spinat abtropfen lassen, Brötchen gut ausdrücken. Mit einem ganzen Ei und einem Eigelb (Eiweiß für später beiseitestellen), dem Hackfleisch und dem Kalbsbrät gut vermischen und mit Salz und Pfeffer würzen.

Den Nudelteig in zwei Portionen teilen und jede davon möglichst dünn zu einem Rechteck ausrollen. Dabei möglichst kein Mehl zum Bestäuben verwenden, weil sonst der Nudelteig zu fest wird.

Jedes Teigrechteck mit Teigrädchen oder nassem Messer in Quadrate von 10 bis 12 cm Kantenlänge teilen.

Teigränder der Quadrate mit Eiweiß bestreichen, Füllung draufgeben und mit einem zweiten Teig-Quadrat zudecken. Die Teigränder zusammendrücken. Für ein Muster kann man, wenn man will, die Ränder auch mit den Zinken einer Gabel eindrücken.

Die so hergestellten Maultaschen in drei bis vier Portionen in der köchelnden Brühe etwa 10 Minuten garen lassen, herausnehmen, abtropfen lassen und danach warmhalten.

Wenn sie dann alle fertig sind, in der heißen Brühe im Suppenteller servieren und zuvor mit der Petersilie bestreuen. Dazu Salat reichen.

Anmerkungen:

Möglicherweise bekommt man nicht überall oder ohne Weiteres das hier genannte Kalbsbrät. Das ist eine feine Bratwurstfüllung ähnlich wie in Weißwürsten. Ersatzweise könnte man also die entsprechende Menge *ungebrühte* Kalbsbratwürste nehmen und die Füllung wieder ausquetschen. Wenn auch das nicht geht, kann man die entsprechende Menge gehacktes Kalbfleisch nehmen.

Wie gesagt eignen sich etwa übrig gebliebene Maultaschen bestens auch zum Einfrieren. Nach dem Auftauen kann man sie wiederum in einer Fleischbrühe servieren. Traditionell aber werden sie im Schwabenland beim zweiten Mal in Scheiben geschnitten und in heißer Butter oder Schmalz mit einem oder zwei verquirlten Eiern in der Bratpfanne erhitzt.

Schließlich: Die Fleischbrühe kann man natürlich auch mit Würfeln oder „gekörnter" Brühe herstellen. Unvergleichlich besser schmecken die Maultaschen aber in einer selbst zubereiteten Brühe. Eigentlich ist das auch kein großer Aufwand, weil man sie zeitlich parallel zu den Maultaschen fast „automatisch" nebenher kochen kann: Etwa 500g Suppenfleisch (möglichst mit etwas Fett) in kleinere Stücke zerteilen und – wenn man es besonders deftig mag und keine Angst vor BSE hat – mit ein paar Markknochen in etwa 2 Liter Wasser mindestens eine Stunde ausköcheln lassen. Nach etwa einer halben Stunde noch etwa 125 g zerkleinertes Suppengemüse zugeben. Vor dem Servieren die Brühe durch ein Sieb geben.

Schweinefiletbraten mit Pilzen
6 Portionen

Dieses Gericht klingt eher „konventionell", war an unserem Tisch aber stets beliebt. Vor allem: Es kann auch schon am Vortag oder Vormittag zubereitet werden, um den Stress beim Mittag- oder Abendessen zu mindern.

Zutaten:

ca. 1 kg Schweinefilet	1 Becher Sahne
ca. 200 g (1/2 Liter) geriebener Schweizerkäse	3 Teelöffel Dijon-Senf
ca. 250 g Champignons	½ Teelöffel schwarzer Pfeffer, Salz

Zubereitung:

Schweinefilet in daumendicke Scheiben schneiden, diese klopfen und ungesalzen auf beiden Seiten anbraten.

Champignons mit Eierschneider in Scheiben schneiden, mit etwas Butter anbraten und anschließend zu dem Fleisch geben.

Fleisch und Pilze in eine Lasagneform legen, mit Folie abdecken und in den Kühlschrank legen.

Backofen auf 200° C vorheizen.

Währenddessen Sahne mit Senf, frisch gemahlenem schwarzen Puffer und einer Prise Salz mischen. Darunter den geriebenen Käse geben und das Ganze über das vorbereitete Schweinefilet mit den Champignons geben, bis diese gut damit bedeckt sind.

Ca. 15 Minuten backen, bis die Oberfläche leicht gebräunt ist.

Mit gekochtem Reis und einem Salat servieren.

Rindsfilet im Blätterteig
4 Personen

Dieses Gericht läuft auch unter den Namen *Filet Wellington* oder *Filet im Schlafrock* und ist ähnlich wie das oben beschriebene Schweinefilet deshalb so praktisch, weil es sich gut vorbereiten lässt und damit für Koch oder Köchin den Stress vor dem Essen vermeiden hilft.

Zutaten:

1 kg Rinderfilet	1 Packg. tiefgefrorener Kräutermix
1 Paket tiefgefrorenen Blätterteig	4 Esslöffel Speiseöl
100 g gekochter Schinken	20 g Butter
250 g Champignons	1 Ei
1 Paket tiefgefr. Blätterteig	4 Esslöffel Sherry, Tabasco-Soße
2 Zwiebeln	1 ungespritzt Zitrone
	Salz, Pfeffer

Zubereitung:

Blätterteig auftauen.

Währenddessen Filet leicht salzen und pfeffern und in heißem Öl in einer Pfanne etwa 10 Minuten rundum anbraten. Danach abkühlen lassen.

Zwiebeln und Schinken in Würfel, Champignons (mit Eierschneider) in Scheiben schneiden.

Für die Füllung Zwiebeln und Champignons in zerlassener Butter andünsten. Schinken, die Kräuter und den Sherry hinzufügen. Weiterdünsten lassen, bis Flüssigkeit weitestgehend verdampft ist. Mit Salz, einigen Spritzern Tabasco-Soße und abgeriebener Zitronenschale abschmecken.

Eigelb und Eiweiß trennen. Die aufgetauten Blätterteigplatten an den Rändern mit dem Eiweiß bestreichen. Die Platten zusammensetzen und ein wenig größer ausrollen, als für die Umhüllung des Filets erforderlich ist.

Den größeren Teil der Füllung auf dem ausgerollten Teig verstreichen, das Filet darauf legen und anschließend den Rest der Füllung darüber verteilen. Sodann den Teig über das Filet schlagen und überhängende Teile trennen. Teigränder mit Eiweiß bestreichen und verkleben. Das ist dann sozusagen der Schlafrock. Diesen mit der Naht nach unten auf ein nasses Backblech legen.

Aus den Teigresten fingerbreite Streifen schneiden und diese über Kreuz auf den Schlafrock drücken.

Gegebenenfalls kann der fertige Schlafrock einige Stunden oder auch über Nacht in Alufolie verpackt im Kühlschrank aufbewahrt werden.

Etwa gute halbe Stunde vor dem Servieren das Eigelb mit ein wenig Wasser verquirlen und den Schlafrock damit bestreichen. Mit Schere oder Messer an den Enden zwei Löcher schneiden und etwas ausweiten, damit die beim Backen frei werdende Flüssigkeit verdampfen kann.

Im auf 225° C vorgeheizten Backofen etwa ½ Stunde backen.

Zürcher Geschnetzeltes
4 Portionen

Auch so ein Klassiker, der aber den Vorteil hat, sich gut vorbereiten zu lassen und so die Köchin oder den Koch in der „Stunde der Wahrheit" zu entlasten.

Zutaten:

750 g Kalbfleisch (Lende, Keule oder Schnitzel)	⅛ Liter Weißwein
1 große Zwiebel	1 Becher Sahne
30 g Butter	¼ Bund Petersilie
1 gehäufter Esslöffel Mehl	Salz, weißer gemahlener Pfeffer
⅛ Liter Fleischbrühe (Würfel)	Rosenpaprika

Zubereitung:

Kalbfleisch abspülen und mit Papier-Küchentuch trocknen. Schräg zur Faser in feine, nicht zu lange Streifen schneiden (eben „schnetzeln") und mit Mehl bestäuben, damit es leichter bräunt.

Petersilie fein hacken.

Zwiebel schälen und fein hacken. Butter in großer (28 cm) Pfanne erhitzen und Zwiebelwürfel darin unter Rühren anschmälzen. Geschnetzeltes zugeben und unter häufigem Wenden etwa fünf Minuten braten lassen, bis es leicht angebräunt ist.

Mit heißer Fleischbrühe und Wein übergießen und weiter erhitzen, aber nicht kochen lassen. Mit Salz und Pfeffer abschmecken.

Sahne in die Soße rühren und wiederum nur so weit erhitzen, dass sie nicht kocht, weil sonst die Sahne gerinnt.

In Schüssel geben, mit Petersilie und etwas Rosenpaprika bestreuen. Mit gekochten Reis und einem Salat servieren. Traditionell gehören eigentlich „Röstis" dazu.

In einer Variante kann man 250 g Fleisch mit der entsprechenden Menge Champignons oder Pfifferlingen ersetzen:

Champignons säubern und mit Eierschneider in Scheiben schneiden. Pfifferlinge säubern und nur die größeren Pilze halbieren oder vierteln.

Welche Sorte auch immer, die Pilze werden parallel mit dem Fleisch in einer Pfanne mit heißer Butter etwa fünf Minuten, jedenfalls, bis das meiste Wasser verdunstet ist, gedünstet und dann zum gebräunten Fleisch gegeben.

Hühnerfrikassee
4 Portionen

So „banal" es klingen mag, auch mit diesem Gericht aus Omas Küche kann man selbst an der Diplomatentafel immer noch Zustimmung finden!

Zutaten:

1 Suppenhuhn	1 Lorbeerblatt
1 Dose oder Glas Spargel	4 Pfefferkörner
1 kl. Dose geschnittene Champignons	2 Gewürznelken
60 g Mehl	½ Zitrone
40 g Butter	3 Esslöffel Weißwein
1 Bund Suppenkraut	gemahlener weißer Pfeffer
1 Eigelb	Rosenpaprika-Pulver
1 Zwiebel	Salz

Zubereitung:

Das Suppenhuhn waschen, trocknen und in einen großen Kochtopf geben. Gegebenenfalls können auch die Innereien dazugegeben werden. Mit etwa zwei Liter Wasser übergießen und aufkochen lassen. Zwiebel schälen und unzerteilt zusammen mit Lorbeer, Pfefferkörnern in die Brühe geben. Weiterköcheln lassen.

Nach einer Stunde das geputzte und zerkleinerte Suppengemüse zugeben und eine weitere Stunde garen lassen.

Huhn herausnehmen, abkühlen lassen und sodann entbeinen. Das müsste ganz leicht gehen, weil das Fleisch sich fast schon von selbst löst. Dieses zerkleinern.

Brühe durch ein engmaschiges Sieb geben.

Butter in einen Schmortopf schmelzen, Mehl einrühren und mit einem halben Liter der Brühe auffüllen und gut durchkochen. Danach die Soße mit einer Prise Salz, gemahlenem weißem Pfeffer und Zitronensaft abschmecken.

Champignons und Spargel abtropfen lassen, zusammen mit dem Hühnerfleisch in die Soße geben und erhitzen. Ein wenig von der Soße abnehmen und mit dem Eigelb verquirlen. Dieses dann wieder zum Abbinden in die Soße zurückgeben.

Danach darf die Soße nicht mehr kochen, weil sie sonst wieder flüssig wird!

Vor dem Servieren mit Rosenpaprika-Pulver bestreuen.

Uns hat es immer am besten mit gekochtem Reis geschmeckt. Aber Salzkartoffeln gehen natürlich auch.

Sashimi - Platte
4 - 6 Portionen

Sushi und Sashimi sind schon seit einigen Jahren nahezu überall auf dem Globus „in". Vielleicht ist dieser Genuss (jedenfalls für diejenigen, die nichts gegen rohen Fisch haben) deshalb im Restaurant zumeist auch ziemlich teuer. Mancherorts so sehr, dass man es sich kaum so oft leisten kann, wie man es vielleicht gerne essen würde. Nach Jahr und Tag, als wir in den Niederlanden auf Posten waren, kam uns dann die Idee, dass man Sashimi vielleicht auch daheim selbst machen könnte (Sushi finden wir persönlich wegen des Pappreises, mit dem der Fisch verarbeitet wird, gar nicht so „interessant", etwa so, wie man Brot überflüssig finden kann, wenn gute Wurst und guter Käse auf dem Teller liegen). In Den Haag, genauer: Scheveningen gibt es nämlich im ersten Hafen rechts am Ende einer langen Reihe von Lagerhallen ein Fischgeschäft, das sich rühmt, etwa 100 Sorten frischen Fisch aus aller Welt anzubieten. Wir haben es nie nachgezählt. Auf jeden Fall aber sind die Fische und Meeresfrüchte alle wirklich frisch, was für Sashimi unverzichtbare Voraussetzung ist, und die Auswahl auch dann noch überwältigend, wenn es keine hundert Sorten sein sollten. Wir versuchten es also, und siehe da: Es war gar nicht so schwer und beeindruckte alle diejenigen Gäste, die wie wir nichts gegen rohen Fisch haben. Wir konnten sogar den einen oder anderen Skeptiker überzeugen, der sich bis dahin eher ein wenig gruselte. Hier nun unser Vorschlag, nicht ohne daran zu erinnern, dass die weiter oben auf Seite 70 vorgestellte Chinasuppe eine besonders geeignete Vorspeise ist.

Zutaten:

Als „Grundlage" braucht man zunächst einen Rettich oder eine Salatgurke, 2 bis 3 Chicorées oder Romana-Salatherzen, ein Schälchen Mungo-Bohnen-Sprossen und/oder Rettich-/Senf- oder andere feine Sprossen der Saison wie z.B. Alfalfa sowie einige Petersilie- oder Korianderzweige.

Als Beigaben benötigt man 1 Tube Wasabi-Paste (Wasabi ist dieser grüne japanische Meerrettich), 1 Glas eingelegter Ingwerscheiben und Sojasoße.

Und nun zum Fisch:
1 etwa daumendicke Scheibe frischen Thunfisch. Dabei ist zu beachten, dass es davon zwei Arten gibt: den dunkelroten und im Geschmack etwas kräftigeren „Blauflossen"- (*blue fin*) und den eher rosafarbenen und im Geschmack etwas feineren „Gelbflossen"- (*yellow fin*) Thunfisch. Wenn beides erhältlich ist, kann man durchaus auch beide Sorten nehmen, um eine breitere Palette anzubieten!
1 mindestens handtellergroßes Stück Lachs in „Sushi-Qualität". Noch besser ist jedenfalls Wildlachs. Aber auch hier gilt: Wenn man mag und es erhältlich ist, kann man auch beide Sorten anbieten, denn ihr Geschmack ist durchaus verschieden;
1 kleines Filet vom Heilbutt;
1 kleines Filet vom Rotbarsch oder Viktoria-See-Barsch;
Pro Portion zwei bis drei größere Garnelen (geschält);
1 Glas Wildlachs-Kaviar.

Alternativ oder auch zusätzlich (je nach Menge der Portionen) sind auch frische Makrelen und Seeteufel (insbesondere der Schwanz) geeignet.

Zubereitung:

Asiatische Gerichte, gerade auch wie hier japanische, sind nicht nur ein Gaumen-, sondern gleichzeitig auch ein Augenschmaus. Wie beim Ikebana für Blumen kommt es auch hier auf das Arrangement an. Die Zutaten sollen also nicht nur gut schmecken, sondern auch hübsch anzuschauen sein. Deshalb braucht man für eine Sashimi-Platte möglichst große, flache Teller, egal ob rund oder eckig, damit man genügend Platz für solch kleines Kunstwerk hat.

Zunächst einmal zur „Grundlage":

„Klassisch" ist eine Handvoll von mit einem Julienneschneider längs von einem geschälten Rettich gehobelte dünne Fäden, die man am besten als kleines Häufchen an den oberen Tellerrand legt. Sehr schmackhaft und erfrischend finden wir statt der Rettichfäden solche – ebenfalls mit einem Julienneschneider geschnittene – Fäden aus einer Salatgurke (die man vielleicht mit einem Papier-Küchentuch etwas trocken tupfen sollte, weil Gurken bekanntlich viel Wasser enthalten). Und nichts spricht dagegen, auch beides zu nehmen, indem man z.B. den Rettich mit dünnen Gurkenscheiben garniert. Übrigens: Wenn man keinen Julienneschneider hat oder keinen extra nur für Sashimi kaufen will, dann bekommt man solche Fäden auch mit den handelsüblichen Küchenreiben hin, wenn man Gurke oder Rettich möglichst schräg reibt, um längere Fäden zu bekommen. Vor allem bei der Gurke aber wird das wegen des Drucks beim Reiben leicht eine etwas wässrige Angelegenheit. Hier also auf jeden Fall ein wenig mit einem Papier-Küchentuch trocken tupfen!

Neben dieses Rettich- oder Gurkenhäufchen legt man ein etwas kleineres Häufchen der Mungo- und/oder andere je nach Jahreszeit erhältliche feine Sprossen.
Entsprechend der Zahl der angebotenen Fischsorten legt man von diesem Rettich/Gurken/Sprossenhäufchen als Zentrum fächerförmig 3 bis 4 Chicorée- (oder Romana-) Blätter wie Schiffchen, in die man dann den geschnitten Fisch schichten kann.

Und nun zum Fisch:

Das Wesentliche hierbei ist, die Fischfilets richtig in mundgerechte rechteckige Stückchen zu schneiden, die dann in die gerade eben beschriebenen Chicorée-Schiffchen etwa wie umgekippte Dominosteine geschichtet werden.

Zum Schneiden kann man ganz gut ein gewöhnliches Filetiermesser nehmen. Es gibt natürlich auch spezielle Sushi-Messer im Handel, die aber zumeist noch teurer sind als zwei, drei Sushiplatten im Restaurant. Muss also nicht sein! Gute Erfahrungen haben wir selbst mit einem sogenannten Chef- oder Kochmesser gemacht: Auf der ziemlich breiten Klinge bleiben die Fischscheiben am besten „in Form". Welches Messer man auch nimmt, es muss auf jeden Fall wirklich „messerscharf" sein, sonst zerreißt das zarte Fischfleisch. Am besten also jedes Mal vor dem Gebrauch mit einem handelsüblichen Messerschärfer nachschärfen!

Zuerst zum Thunfisch: Zumeist wird dieser ohnehin schon in etwa daumendicken Scheiben als Steak geschnitten verkauft, das mehr oder weniger konzentrisch gemasert ist. Quer zu dieser Maserung werden diese Scheiben zuerst in dicke Streifen mit einem mehr oder weniger quadratischen Querschnitt geschnitten, etwa wie kleine „Balken". Von diesen Balken schneidet man dann leicht abgeschrägt etwa 3 bis 5 mm starke rechteckige Scheiben ab und schichtet diese wie die umgekippten Dominosteine in ein Chicoréeschiffchen.

Nun zum Lachs: Gewöhnlich werden die Stücke im Geschäft aus einer Lachsseite geschnitten und haben dann eine „Mittelnaht". Zunächst trennt man von dem Stück die Haut ab, wenn man nicht das Glück hatte, gleich ein fertig filetiertes Stück im Laden zu bekommen. Sodann halbiert man das Lachsstück entlang der „Mittelnaht". Danach geht es ähnlich weiter wie beim Thunfisch: Erst in gut daumenbreite „Balken" schneiden und von diesen leicht abgeschrägt dann rechteckige Scheibchen. Ab ins Schiffchen.

Zu den beiden „roten" Fischen kommt nun noch ein weißer, der Heilbutt. Den gibt es eigentlich immer schon als fertiges Filet, wiederum mit der fischtypischen „Mittelnaht". Entlang dieser das Filet halbieren. Nun sind die Heilbuttfilets längst nicht so dick wie der Thunfisch und der Lachs. Mit den „Balken" klappt es also nicht. Deshalb werden die ebenfalls 3 bis 5 mm dicken Scheibchen direkt aus den Seitenhälften geschnitten. Und damit deren Fläche etwas größer wird, sollte man diese ebenfalls schräg aus dem Filet schneiden. Möglicherweise sind die Scheibchen nun etwas zu lang für ein Chicoreeschiffchen. Je nachdem, wie lang sie sind, kann man sie also noch halbieren oder passend „trimmen". Sonst eben „der Länge nach" in ein Chicoréeschiffchen oder einfach auch nur so auf den blanken Teller schichten. An den Enden sind die Heilbuttfilets jedoch so flach, dass man am besten diesen flachen Teil in Karrees schneidet.

Und nun noch der Rotbarsch. Auch dessen Filets sind ziemlich flach. Aus ihnen werden deshalb auch keine quadratischen Scheibchen für ein Chicoréeschiff, sondern dünne, schmale Streifen geschnitten, aus denen man am unteren Tellerrand in der Mitte eine Art Körbchen legt. Also:

Die Streifen leicht abgeschrägt aus der ungeteilten(!) Filetseite schneiden, damit sie für das „Körbchenflechten" schön lang sind.

In diese Rotbarschkörbchen gibt man dann etwa einen halben bis ganzen Teelöffel des Wildlachs-Kaviars. Rechts und links davon kommen dann je ein haselnussgroßes Stück der gründen Wasabi-Paste und etwa ein gehäufter Teelöffel des eingelegten und zuvor abgetropften Ingwers.

Sodann noch in den Rettich/Gurkenhaufen ein, zwei Zweige Petersilie oder Koriander zur Dekoration gesteckt, daneben die Garnelen drapiert und: Fertig!

Schließlich: Neben den Teller ein kleines Schälchen mit der Sojasoße stellen. In dieses wird vor dem Verzehr so viel von der Wasabi-Paste gegeben und untergerührt, wie der individuelle Geschmack diesen scharfen japanischen Meerrettich in der Mischung noch als angenehm empfindet. Besser also erst einmal etwas weniger und gegebenenfalls „nachwürzen"! In diese Soße werden dann die Fischstückchen vor dem Genuss eingetaucht.

Abschließend noch ein paar Worte zu den oben genannten Alternativen oder Zusätzen:

Eine frische Makrele ist – wenn sie denn überhaupt erhältlich ist – zwar ungeheuer lecker, leider aber wegen ihres hohen Fettgehalts weicher und deshalb etwas schwieriger zu schneiden. Am besten wäre es, man bekäme fertige und gehäutete Filets. Dann bräuchte man diese Filets nur noch in die 3 bis 5 mm dicken Scheiben schneiden und in ein Chicoréeschiffchen zu schichten. Andernfalls muss man die Makrele zunächst halbieren, enthäuten, die Gräten herausnehmen und selbst filetieren.

Auch der Seeteufel schmeckt zwar prima, ist aber, weil etwas weniger „kompakt" im Fleisch als die oben genannten Fischsorten, ebenfalls nicht so einfach zu schneiden. Allerdings: Vom Seeteufel bekommt man leichter auch schon fertige Filets oder Schwanzstücke, aus denen man sich ähnlich wie aus der Makrele passende Scheibchen schneiden kann.

Andere, für Sashimi geeignete Fischsorten sind: Red Snapper, Wolfsbarsch, Schollen-Filets.

Bleibt abschließend nur noch hinzuzufügen, dass es natürlich keine Schande wäre, Sashimi auch einfach mit der Gabel zu essen. Gleichwohl: Mit Stäbchen ist es natürlich stilgerechter. Hilfreich sind dabei möglichst spitze Stäbchen, mit denen man notfalls ein „flüchtiges" Fischstückchen auch mal aufspießen kann. In Asiatika-Läden gibt es die zu kaufen.

Heim, Herd und Geister

Es braucht gar nicht darum herum geredet zu werden: Dass Diplomaten im Ausland auf (manchmal sogar erheblich) größerem Fuß leben als im Inland, stimmt nun einmal. Aber das hat auch seinen guten Grund. So etwa, wenn sie neben vielen anderen beispielsweise auch eine Delegation irgendeines Bundestagsausschusses bewirten sollen, deren meisten Mitglieder sich zu Ende einer Wahlperiode nicht mehr zur Wiederwahl stellen oder auch nicht mehr aufgestellt werden, gleichwohl aber wenige Wochen vor Torschluss noch einmal eine letzte „Informationsreise" durchführen wollen. Das obendrein noch zu einem Fachthema, bei dem sich eher das Gastland bei uns in Deutschland umschaut, weil es selbst erst mal wissen will, wie man damit umgeht. „Aktion Abendrot" nannte die Presse so etwas (falls dies zufällig jemand vom Bundesrechnungshof oder Ältestenrat des Bundestags lesen sollte: Der konkrete Fall ist längst verjährt!). Auch für so eine Veranstaltung braucht man dann eben doch ein wenig mehr Platz als Daheim etwa in einem Reihenhaus mit Handtuchgärtchen zur Verfügung steht. Auch weil Deutsch-Sein meist gleich Zahlreich-Sein bedeutet und die Gästezahl entsprechend groß ist. Das heißt aber keineswegs, dass die Diplomaten alle in palastähnlichen Villen mit Park drum herum leben. Und vor allem: Sehr oft trügt der Schein, wenn man mal hinter die Fassade schaut. Bei uns war das jedenfalls meistens so, und wir wissen von vielen Kollegen, denen es kaum anders erging. Mit anderen Worten: So mancher Diplomatenpalast ist, wie wir darstellen werden, eher so etwas Ähnliches wie ein potemkinsches Dorf: tolle Fassade und nichts dahinter, also „angemessen", wenn man dem Klischee folgt, dass sich hinter dem gewandten Auftreten von Diplomaten ebenfalls nichts verbirgt.

Zunächst einmal zu den formalen Seiten des Wohnens. Am Anfang steht natürlich der Mietvertrag. Und da gehen vielerorts wieder die im ersten Kapitel geschilderten Probleme mit Privilegien und Amtsschimmel (Seite 16 ff) weiter. Hier nun bestehen sie zum einen darin, dass nur auf üblicherweise drei Jahre befristete Mietverträge abgeschlossen werden können, denn so lange dauert in der Regel ein „Posten". Naturgemäß aber wollen die meisten Vermieter möglichst lange, am liebsten gar unbefristet vermieten. Das schränkt also schon das Angebot auf dem Mietmarkt ein. Zum anderen aber müssen die Auswärtigen Beamten jederzeit versetzungsbereit sein. Deshalb ist für die Zuschussfähigkeit der Mieten (vgl. Seite 21) eine sogenannte „Diplomatenklausel" im Mietvertrag Voraussetzung. Damit soll der Vermieter seine Kenntnis bestätigen, dass der Mieter Diplomat ist und als solcher von seinem Dienstherrn jederzeit wieder anderswohin versetzt werden kann, und dass deshalb für den Fall einer unerwarteten Versetzung eine dreimonatige außerordentliche Kündigungsfrist gilt. Zwecks Vermeidung von zusätzlichen Kosten für einen „Ortsumzug" soll dem Vermieter aber umgekehrt nicht das gleiche Recht zustehen. Juristen nennen so etwas an sich „ungleiche Verträge" und halten sie deshalb eigentlich eher für fragwürdig. Man kann sich also lebhaft vorstellen, wie populär derartige Vertragskonstruktionen sind. Aber meistens kommt man dann irgendwie doch klar, denn solche unerwartet vorzeitigen Versetzungen sind tatsächlich eher selten. Jedenfalls in den „Weltmetropolen", wo man diese exotischen Lebewesen der Diplomaten eben schon kennt, wird deshalb die Diplomatenklausel meistens akzeptiert. In entlegeneren Gegenden kostet sie aber manchmal schon außergewöhnliche Überzeugungskraft und gelingt nicht immer.

Auch an der „Heimatfront" kann es vor allem für Eigenheimbesitzer (und das ist in Deutschland insgesamt gut 40% der Bevölkerung, in Berlin, der Hauptstadt, allerdings nur etwas über 10%). Welcher Eigenheimbesitzer kann es sich schon leisten, seine Immobilie für die Zeit des Auslandsaufenthaltes leer stehen zu lassen? Also muss er sie so lange vermieten. Natürlich am besten ebenfalls mit „Diplomatenklausel", denn es kann ja sein, dass er unerwartet vorzeitig wieder zurück „in die Zentrale" gerufen wird. Welcher Mieter mag solche Ungewissheit schon gerne in Kauf nehmen? Leider gelingt es keineswegs immer, einen spiegelbildlichen Einschränkungen unterliegenden Kollegen oder ausländischen Diplomaten als „Haushüter" zu finden. Und das, wie wir gleich sehen werden, möglichst auch noch innerhalb von drei Monaten. Manchmal passiert es nämlich schon, dass man vor der Ausreise noch keinen geeigneten Mieter gefunden hat und einen Makler beauftragen muss. Abgesehen davon, dass man dann gar nicht weiß, wen man ins Haus bekommt, bedeutet das auch Mietausfall (und die allermeisten Eigenheime dürften noch längst nicht abbezahlt sein, müssen also finanziert werden!). Immerhin, die einschlägigen Verordnungen räumen die Möglichkeit ein, bis zu maximal drei Monate nach Ausreise eine Entschädigung für solchen Mietausfall zu bekommen. Wie sieht es aber am anderen Ende aus, d.h., wenn man länger als üblicherweise an einem Dienstort bleiben muss, daheim aber der Mieter vertragsgemäß bereits ausgezogen ist und das Haus wieder leer steht? Da gibt es dann nur noch Mietausfall und keine Erstattung mehr. Wir z.B. haben auf diese Weise unser Haus schon einmal gut anderthalb Jahre leer stehen gehabt. Und das in einem strengen Winter, als zu allem Unglück obendrein noch die Heizung ausfiel und danach die gefrorenen Wasserrohre platzten. Welche Probleme es macht, so etwas aus der Ferne wieder auf die Reihe zu bekommen, kann sich wohl jeder vorstellen. Für all solche materiellen und immateriellen Schäden kommt niemand anderes auf. Sie bleiben zwar beruflich bedingtes, gleichwohl aber privates Risiko. Offenbar ist es in der Auslandzulage (siehe auch Seite 26 f) mit inbegriffen. Wenigstens der Wasserrohrschaden war damals ein Versicherungsfall.

Und mit den Mietern ist das oft auch so eine Sache, wenn man nicht das Glück hat, an jemanden zu vermieten zu können, den man schon kennt (wie etwa einen Kollegen, der gerade mal wieder aus dem Ausland zurückkehrt). Uns war das jedenfalls nicht vergönnt. Unser erster Mieter hat zwar immerhin pünktlich gezahlt und das Haus auch fristgemäß wieder geräumt, aber eben nicht – um es milde auszudrücken - besenrein. Danach stand das Haus dann, wie soeben schon geschildert, bis zu unserer Rückkehr leer. Mit dem nächsten Mieter ein paar Jahre später haben wir uns dann allerdings einen ziemlich üblen „Mietnomaden" eingefangen. Ein Schicksal, mit dem wir - so etwas erfährt man leider immer wieder erst hinterher! - keineswegs allein dastanden, weil es offensichtlich sehr weit verbreitet ist in unserem Sozialstaat. Wir waren also schon wieder einmal weg, und aus der Ferne kann man kaum einschätzen, an wen man gerät. Am Telefon klang alles sehr sympathisch und gut: Angeblich ein Mann vom Fach, Bauführer nannte er sich, und das war natürlich besonders willkommen als „Garantie", dass das Haus in unserer Abwesenheit auch in Schuss gehalten wird. In der Tat hat dieser Mieter auch gleich nach Einzug zunächst den Innenausbau des Dachstudios erneuert und danach die Fassade zusammen mit der des Nachbar-Reihenhauses neu gestrichen. Offenkundig hat sein Verdienst daraus aber nicht lange gehalten, denn schon nach drei weiteren Monaten kamen die Mietzahlungen erst einmal nur verzögert, dann nur noch verkürzt und schließlich überhaupt nicht mehr aufs Konto. Nun ist es so, dass dank der Mietrechtsreform in den Neunziger-Jahren Mieter inzwischen so ziemlich alle und Vermieter fast gar keine Rechte mehr haben. Das ist ja an sich auch ganz richtig so, wenn es darum geht, den berüchtigten professionellen und kommerziellen „Miethaien" das Handwerk zu legen. Aber der kleine Häuslebauer, der vorübergehend auswärts arbeitet und deshalb sein Eigenheim vermieten muss, um es weiter finanzieren zu können, der wird genauso wie ein Miethai behandelt und steht deshalb ziemlich gekniffen da, wenn er einen untragbaren Mieter wieder los werden will. So muss auch er zunächst einmal warten, bis der säumige Mieter mit insgesamt mindestens zwei Monatsmieten im Rückstand ist, um überhaupt erst mal kündigen zu können. Durch zwar fortlaufende, aber doch drastisch verkürzte Mietzahlungen - das ist ja der „Trick" der Mietnomaden - lässt sich diese Frist erst mal eine ganze Weile hinziehen. Und wenn man dann – wiederum erst nach weiteren Fristen – endlich zur Räumungsklage schreiten kann, gibt es, z.B. mit offenkundig fingierten Arztattesten, weitere Möglichkeiten, auch noch den Gerichtsprozess in die Länge zu ziehen, was unser Mietnomade so lange versuchte, bis selbst dem Richter schließlich der Kragen platze. Insgesamt hat es dann gute zwei Jahre gebraucht, bis der Gerichtsvollzieher die unvermeidliche Zwangsräumung durchführen konnte. Auch dies, neben Anwalts-, Gerichts- und seinen eigenen Gebühren voll auf unsere Kosten, denn unser „Mieter" hatte, wie sich hinterher herausgestellt hatte, bereits zum vierten Mal den Offenbarungseid leisten müssen. Und wie soll man einem nackten Mann in die Tasche greifen, wie die Juristen sagen? Die Räumungskosten waren zudem noch doppelt so hoch wie normalerweise angesetzt, weil das Haus völlig zugemüllt war und als Sondermüll entsorgt werden musste. Zusammen mit der infolgedessen notwendigen Totalrenovierung des Hauses und einschließlich des Mietverlustes hat uns dies knapp 50.000 (in Worten fünfzigtausend) schlappe Euros gekostet. Das allein war schon weitaus mehr, als wir in dieser Zeit als Auslandszulage bekommen hatten!

Nun zurück ins Ausland. An jedem unserer sieben Auslandsposten haben wir zu Ende beim Auszug selbstverständlich peinlichst dafür gesorgt, das Haus oder die Wohnung so zu hinterlassen, wie wir sie als Einziehende gerne vorgefunden hätten, nämlich sauber und bezugsfertig. Umgekehrt jedoch war uns das bis auf eine einzige Ausnahme, als wir eine rundum sanierte und renovierte Wohnung beziehen konnten, leider in keinem einzigen Fall vergönnt. Nicht einmal wenn wir nach Auslandsaufenthalten wieder in unser eigenes Haus zurückkehrten. Das ging gleich schon während der Ausbildungszeit im Auslandspraktikum los, sogar in der gemeinhin ja als besonders penibel sauberen Schweiz. Es war in Genf. Wir hatten ein Appartement in einer ziemlich großen Wohnanlage gleich hinter dem Interconti und in der Nähe des Völkerbundpalastes gemietet. Zwar ein toller Blick auf die naheliegenden Berge (leider nicht auch direkt auf den See), für unseren Geschmack aber ziemlich scheußlich eingerichtet. So etwa die angelsächsische Variante dessen, was auf Deutsch Gelsenkirchener Barock genannt würde. Aber was sollte es? Es war ja nur für elf Monate. Als uns in diesem Appartement erstmals des Nachts der kleine Hunger oder Durst packte und in die Küche trieb, verging uns gleich nach dem Lichteinschalten der Appetit, weil eine Heerschar kleiner Insekten über die Küchenplatte wieder in ihre dunklen Löcher wuselte. Wir bestellten also einen Kammerjäger, der uns aufklärte, dass es sich um „*blattes germaniques*" handle, die es in dem Gebäude immer wieder gäbe, eigentlich „ganz normal". Unser beider Französisch war nicht das beste, deshalb waren wir ja zur Verbesserung der Kenntnisse in die französische Schweiz geschickt worden (nur: bei den Vereinten Nationen dort wurde schon damals nur weitestgehend Englisch gesprochen; viel gebracht hatte es also nicht). Wir mussten also nachschauen und erfuhren, dass es sich bei diesen „germanischen Blatten" schlicht und einfach um die europäische Variante der Küchenschabe handelte, im Unterschied zu der „orientalischen", die nicht nur fingernagelgroß wie „unsere", sondern daumenlang ist, und der wir natürlich später in Südafrika und in Mexiko noch mehrmals begegnet sind.

Seither mussten wir mit der einen genannten Ausnahme auf allen anderen Posten ebenfalls erst mal Besen, Schrubber, Bürsten und sogar Schaber einsetzen, um in den Küchen die dicken und schmierigen Fettschichten von den Schränken, Kacheln und aus dem Backofen zu entfernen, in den Badezimmern die Fugen und Ecken wieder von Seifenbelägen oder gar Schimmel zu befreien und die Toiletten mit Salzsäure wieder so weit zu reinigen, dass es einem nicht statt unten gleich oben herauskam. Und manchmal nicht nur das. Einmal ist es uns passiert, dass wir vor Eintreffen des Umzugsgutes schließlich auch noch Pinsel und Farbe besorgen mussten, um noch bei der Renovierung übersehene Fensterrahmen und

Lamellentüren von Einbauschränken zu streichen, weil entsprechende Hinweise an den Hausbesitzer einfach ignoriert wurden. Nachdem er seinen Mietvertrag hatte, hat er sich für nichts Weiteres mehr als die Mietzahlungen interessiert.

Bis auf die eine genannte Ausnahme stellte sich bereits kurz nach Einzug fast schon unweigerlich heraus, dass auch die Infrastruktur unserer Bleiben sehr zu wünschen übrig ließ. Tropfende Wasserhähne, undichte WC-Spülkästen und defekte Herdplatten waren da manchmal noch das Mindeste. Außerhalb Europas hatten wir zudem immer Probleme mit dem elektrischen Strom. Abgesehen davon, dass in vielen Ländern der südlichen Halbkugel Stromausfälle ganz einfach zur Tagesordnung gehören, war zumeist auch die Kapazität der Leitungen so schwach ausgelegt, dass wir bei Einladungen so ziemlich alle anderen Stromverbraucher außer in der Küche und der notwendigen Beleuchtung ausschalten mussten, damit die Sicherungen nicht durchbrannten. Das war in Mexiko so, das war in Südafrika so. Das war sogar in Chicago (immerhin im Land der unbegrenzten Möglichkeiten, das sich deshalb stets als an der Spitze des technischen Fortschritts stehend verkauft!) so, wo wir in einem als „schick" geltenden Appartement („erste Adresse", direkt am Ufer des Michigan-Sees, mit einem atemberaubenden Panorama) wohnten. Z.B. hatten wir dort einmal im Winter zwei befreundete Ehepaare privat zu einem Raclette eingeladen. Auch nach Abschalten der Luftbefeuchter und aller anderen Stromfresser: Wir konnten unser zweistöckiges (zusammen „nur" 1500 Watt!) Raclette-Gerät nicht nutzen, weil dennoch andauernd die Sicherung durchschlug. Es wurde dafür aber doch noch ein besonders netter und „gemütlicher" Abend, gerade auch weil sich der Schmaus mit nur einer nutzbaren Raclette-Etage entsprechend in die Länge zog und „zur Sicherheit" auch noch bei Kerzenschein. Auch wenn die Mitautorin Wäsche bügelte oder sich die Haare föhnte, mussten im Winter die Luftbefeuchter ausgeschaltet werden. Insoweit kamen wir uns trotz schickem Ambientes elektrotechnisch gesehen wie im Busch vor.

Bleiben wir noch ein wenig in Chicago. Wie gesagt, das Haus, in dem unser Appartement war, galt als „erste Adresse". Anfangs des 20. Jahrhunderts am Ufer des Michigan-Sees war das Gebäude in neogotischem Stil zunächst als Möbel-Großmarkt gebaut und in den fünfziger Jahren nach dem Niedergang der regionalen Möbelindustrie in Eigentums-

Wohnungen umgewandelt worden. In den ersten Jahren galt es übrigens als das räumlich größte Gebäude der Welt und hatte von daher sogar „historisches" Flair. Es sah alles wirklich sehr nobel aus. Große, hohe Eingangshalle mit einer Art Empore wie in einer Kathedrale. Entree mit einem uniformierten „doorman", daneben ein Warteraum mit einer Sitzgruppe in rotem Leder und stets frischem Ikebana-Blumengesteck auf dem gläsernen Beistelltisch mit stets frisch poliertem Messingrahmen. „Vornehme" Teppichböden in den Fluren (aber da hätten wir schon besser aufpassen sollen: Bei näherem Hinsehen waren sie nämlich doch schon ein wenig abgewetzt und fleckig!) und viel poliertes Messing. Das Tollste war eine über das gesamte weitläufige Erdgeschoss ausgedehnte *shopping mall*, in der vom Supermarkt bis zum Haushaltswarenladen, vom Schuster bis zur Reinigung und vom Restaurant bis zum Ärztetrakt fast alles vertreten war, was man so zum täglichen Leben braucht. In den legendär kalten, schneereichen und windigen Wintern Chicagos hätte man also leicht überleben können, ohne einen Fuß vor das Gebäude setzen zu müssen. Zudem war es in Fußnähe zum „Büro". Das Tüpfelchen auf dem „i" war schließlich die Garage. Offenbar war der Trakt, in sich dem früher einmal die Lagerhallen befunden hatten, zum Parkhaus umgebaut worden. Auf sechs Stockwerken, und unser Appartement war im Sechsten. Wir konnten also direkt von der Wohnung zum Auto und hinterher wieder zurückgehen. Kurzum: Jedermann beneidete uns um diese einem Generalkonsul in jeder Weise angemessene „Residenz". Tatsächlich aber stellten wir innerhalb kurzer Zeit fest, dass uns offenbar weniger die Rolle des zufriedenen Bewohners als die der Hausmeisterin und des Haustechnikers zugedacht war. Verschärfend war übrigens wie auch auf den anderen Posten der Umstand, dass „Pannen" stets nur dann passierten, wenn „Männe" sich gerade mal wieder im Büro oder gar auf Dienstreise vergnügte, und demzufolge alles erst einmal bei der Mitautorin als „Hausmeisterin" hängen blieb. Nicht nur, dass erst die Waschmaschine, dann die Spülmaschine und schließlich auch die Mikrowelle ihren Geist aufgaben, und dass der Mitautor als „Haustechniker" (wenn er denn einmal nicht gerade auf Vergnügungstour war) fortlaufend damit beschäftigt war, ausgeleierte Schrankscharniere in der Küche oder anderswo wieder einzurenken, abgeplatzte Melamin-Furniere wieder anzukleben oder dieses wieder festzuschrauben und jenes auszubessern oder abzudichten. Nein, wir hatten auch ständig mit kleineren oder auch größeren Wassereinbrüchen zu kämpfen. Mal tropfte, ja gelegentlich strömte es sogar von oben in Bad, Toilette oder Küche zu uns herunter. Übrigens vorzugsweise gerade durch die Schächte, in denen auch noch die Stromkabel liefen, jedenfalls tropfte es schon auch einmal durch die eingebauten Deckenlampen. Ein andermal tropfte oder strömte es dann offensichtlich von uns aus in die nächst untere Etage. Wir kamen uns vor wie in der Universität, weil unser Lebensrhythmus quasi in Semestern ablief: Mindestens einmal pro Semester waren Handwerker da, um die Lecks notdürftig zu flicken, denn die Sanitär- und Elektrotechnik war schon so alt, dass es oft gar keine Ersatzteile mehr gab. Zeitweilig war es auch amerikanisch, denn an amerikanischen Universitäten gibt es keine Se-, sondern Trimester. Zwischendurch kamen wir auch schon einmal von einer Dienstreise zurück und fanden einen gelben Zettel in der Diele mit der Mitteilung, dass während unserer Abwesenheit der Haustechniker ins Appartement hätte gehen müssen, weil es wieder einmal irgendwo getropft hatte.

Wasser hat uns fast überall verfolgt. Wir sind im Laufe der Jahre richtiggehend traumatisiert-hydrophob geworden. Dass wir uns dennoch duschten, grenzte nachgerade an ein Wunder.

Relativ harmlos war es ja noch in Mexiko-Stadt. Da kam nur einmal das Wasser durch einen kleinen Riss im Flachdach, der schnell wieder repariert war.

In Südafrika war es da schon etwas heftiger: Zum einen lag unser Haus (übrigens das mit den Gänsen - siehe oben Seite 82 ff) an einem Abhang, sodass sich bei den in der Regenzeit nicht seltenen Tropengewitterschauern auf dem Eingangs- und Garagenvorplatz das Wasser zu einem kleinen See aufstaute, der manchmal so hoch war, dass er über die Eingangsstufe hinweg in die Eingangshalle hereinlief. Den wassergeeigneten großen Hoover-Staubsauger, den wir uns daraufhin angeschafft hatten, haben wir immer noch. Er hat uns auch später wieder gute Dienste geleistet. Die Teppiche, die damals in der Eingangshalle lagen, haben nach mehrmaligen solcher Überflutungen und anschließenden Reinigungen auch heute noch einen leichten Schimmer der roten Erde Afrikas und ermahnen uns, dankbar dafür zu sein, dass wir jetzt – toi, toi, toi – in einem trockenen Haus leben. Übrigens: Die nach der ersten Sintflut angeschafften Sandsäcke haben leider nicht immer standgehalten.

Zum anderen hatte das Haus ein Flachdach. Dieses Flachdach war aber eigenartig konzipiert. Es war nämlich nicht ganz leicht zu einer Seite oder von der Mitte zu beiden Seiten hin geneigt, sodass das Regenwasser über die tiefere Seite hätte ablaufen können. Nein, es war zur *Mitte* hin geneigt, wo sich dann eine Regenrinne befand. Diese war aber nur mit simpler Dachpappe und nicht mit nahtlosem Kupfer- oder Zinnblech „abgedichtet". Nun können die Sommer in Pretoria auch ganz schön heiß sein. Zudem scheint in dieser Gegend die Sonne so oft und solange, dass uns Wechselwetter gewohnten Mitteleuropäern der ewig blaue Himmel bisweilen leicht auf den Geist gehen konnte. Dieses Klima trocknet im Laufe der Zeit die Dachpappe aus und macht sie brüchig. Und wie ein altes Sprichwort sagt: „Wasser findet immer seinen Weg". So war es dann schließlich auch bei uns, und zwar mit Getöse: Wir saßen eines Abends unten im Wohnzimmer, lasen nichtsahnend und lauschten dem Gewitterstürmen draußen, froh, dass es diesmal nicht zum Eingang reinlief, denn so schlimm war es gar nicht, als es oben plötzlich einen gewaltigen Rums gab. Der Blitz konnte es nicht gewesen sein, denn der schlägt nicht in ein von hohen Kiefern und oben an der Straße von Strommasten umgebenes Flachdach ein. Wir gingen also nach oben, um festzustellen, dass in der Schlafzimmerdecke ein etwa drei mal vier Meter großes Stück unter der Wasserlast mittenmang aufs Bett heruntergebrochen war. So kamen wir also zu einem „Wasserbett". Übrigens verliefen auch da zwischen Zimmer- und Dachdecke die Stromkabel. Bleibt noch anzumerken, dass das Haus dem Architekten gehörte, der es auch entworfen und gebaut hatte.

À propos Architekt: Natürlich ging auch in diesem Haus der altersschwache Elektroherd eines Tages in die Knie. Dabei war dieser Herd von der Konstruktion her für unseren Verköstigungsbetrieb bestens geeignet: Er war breiter als die gewöhnlichen und hatte demzufolge auch sechs statt nur vier Herdplatten. Wir baten also den Vermieter um einen neuen, möglichst gleichen Typs. Den gab es aber leider nicht mehr. Stattdessen bot er uns zwei vierflammige Herde an und bat deshalb um das Maß der Lücke in der Küchenzeile. Das gaben wir ihm per Telefon durch. Gleichwohl kam er aber „zur Sicherheit" noch einmal selber, um nachzumessen. Ein paar Tage später wurden die Herde dann geliefert. Zwei unterschiedlich große. Aber der eine war offensichtlich der letzte eines besonders günstigen Sonderangebots. Nur, er war eben ein klein wenig breiter als der andere. Jedenfalls passten die beiden Herde nicht zusammen in die Lücke, was den Herren Architekten dann doch etwas verwirrte, denn er habe doch genau nachgemessen, und demnach hätte das doch passen müssen. Es machte ihn dann sichtbar verlegen, dass unsere laienhaft ermittelte Maßangabe im Unterschied zu seiner fachmännischen die richtige war. Aber er biss schließlich doch in den sauren Apfel und besorgte uns den zweiten baugleichen mit dem etwas schmaleren, wenn auch teureren anderen Herd. Immerhin: Nun hatten wir sogar acht Herdplatten und zwei Backofen. Und das war auch gut so für das Kochen für Deutschland. Auch ansonsten war die gesamte Infrastruktur des Hauses so marode, dass selbst der so sparsame Architekten-Eigentümer sich - wie wir hinterher erfahren haben - nach unserem Auszug dazu entschloss, es nicht nur zu sanieren, sondern komplett umzubauen und dann zu verkaufen. Ohne Flachdach, sondern im toskanischen Stil, der damals auch in Südafrika *en vogue* war.

Dieses Erlebnis ist nun ein gutes Beispiel dafür, warum es oft gar nicht so weit her ist mit den schicken Diplomatenpalästen: Die Vermieter sind nämlich, wie das leider immer und überall so oft der Fall ist, nur an den Mieteinnahmen interessiert, aber nicht am Unterhalt ihrer Objekte. Das galt offenbar auch für das Haus auf unserem letzten Posten, in Den Haag. Ach, was war das für ein „schnuggeliges" Haus! Die kleinere Hälfte der ortsüblichen Doppelvillen in einem parkähnlichen, ruhigen Stadtviertel. Durch einen Wald hindurch nur eine halbe Stunde Fußweg zum Strand in Scheveningen. Roter Klinker, fast vier Meter hohe großzügige Räume, Kronleuchter, die Wände genau in denjenigen Farbtönen gestrichen, die zu unserem Mobiliar passten. Badezimmer mit viktorianischer, freistehender Badewanne, Regendusche. Gemütlich eingerichtete Küche im Landhaus-Stil und mit einem topschick aussehenden Gasherd italienischer Bauart. Gewitzt von unseren früheren Hausmeister-Erfahrungen hatten wir auch Wasserleitungen und sonstige Haustechnik „gecheckt": Vieles war erst kürzlich renoviert worden. Alles schien also wie die Faust aufs Auge zu passen, und wir nahmen das „Traumhaus". Lediglich der Garten war ein wenig verwahrlost, weil das Objekt wohl ziemlich lange leer gestanden hatte. Mit dem Angebot, diesen samt der verfallenden Gerätehütte einschließlich Neuanstrich wieder auf Vordermann zu bringen, konnten wir sogar den anfänglich ziemlich überzogenen Mietpreis (wohl deshalb war es so lange leer gestanden) auf ein erträglicheres Maß drücken. Wir waren selig, bis dann auch hier schon nach wenigen Wochen die verborgenen Mängel auftraten: Tropfende Wasserhähne und Armaturen, tropfende Spülkästen, man kennt das alles ja schon. Ersatzteile für diese antiken Armaturen gab es natürlich auch keine mehr, sodass man sich eben nur als Heimwerker so gut wie möglich durch pfuschen musste, weil auch die angeblich professionellen „Handwerker" [1] ratlos waren und nichts anderes tun konnten. Und natürlich wieder das Wasser! Seltsamerweise sind in Holland die Waschküchen oftmals nicht im Keller, sondern unter dem Dach. Prompt lief dann eines Tages von da aus das Wasser durch zwei Stockwerke hindurch (bekanntlich sind in Holland wegen der Enge des Landes die Häuser schmal und hoch) die Wände entlang bis hinunter in den Eingang, weil die Waschmaschine ein Leck hatte. Das konnten wir denn „kampferprobt" auch mit dem seit Südafrika mit uns herumreisenden Wasserstaubsauger wieder absaugen. Danach kamen die großen Regen und plötzlich tropfte es einem beim „Geschäft" in der Toilette aus der wassergefüllten Deckenlampe (! Wasser lief bei uns immer neben Stromleitungen und es ist ein Wunder, dass wir dennoch nie einen Kurzschluss hatten) auf den Kopf. Das Dach war leck und wir erfuhren von dem eilends herbeigerufenen Dachdecker, dass es eigentlich schon seit Längerem totalsanierungsbedürftig sei. In der Tat flog dann im Januar 2007, als der Wirbelsturm „Kyrill" über halb Europa hinwegfegte und ganze Wälder umknickte, auch bei uns eine ganze Dachluke weg, die wieder einmal eher nur notdürftig „repariert" wurde. Danach haben wir bei jedem weiteren Sturm – an der holländischen Nordseeküste ja nicht gerade selten! – ebenso gezittert wie bei jedem Regen oberhalb des Nieselniveaus. Ach ja, das mit der Wasserfüllung in der Deckenlampe im Klo wiederholte sich noch mal. Wir haben deshalb die Glasschale erst bei unserem Auszug wieder aufgeschraubt, was offenbar ebenso die Lösung des Problems war, wie man den Regen dadurch fernhält, dass man einen Regenschirm mitnimmt. Da regnet es ja bekanntlich auch nicht, sondern nur, wenn man keinen dabei hat. Noch

---

[1] Wir Deutsche wissen gar nicht, was wir an unseren ausgebildeten Handwerkern, über die so oft geschimpft wird, haben: Mögen sie immer zu spät kommen, mögen sie zu teuer sein und was sonst noch all der Klagen ist. Aber sie wissen meistens, was sie zu tun haben und was sie tun. In den meisten anderen Ländern, wo „Handwerk" eben kein Lehrberuf ist, wird so gestümpert, dass sich schon der normale deutsche Heimwerker nur noch die Haare raufen kann! Wir können nach solchen Erfahrungen nur ein Loblied auf das deutsche Handwerk singen! Verglichen mit dem, was wir in anderen Ländern gesehen haben, ist es Spitze!

ein letztes Wort zum Wasser: Holländische Stadthäuser haben zur Straßenseite im Erdgeschoss meisten einen Erker, der im ersten Stock mit einem kleinen Balkon überdacht ist. Auch von da hat es ins Wohnzimmer getropft, weil die Zinnabdeckung offenbar seit Jahrzehnten nicht mehr gewartet worden war. Schließlich war – abgesehen davon, dass wir außer in der Küche nur Einfach-Verglasung an Fenster und Türen hatten und es auch ansonsten durch *alle* Ritzen wie Hechtsuppe zog (aber das merkt man eben bei der Wohnungsbesichtigung an einem sonnigen Tag nicht) – auch die Heizung (übrigens ebenfalls unter dem Dach, im Waschraum) nicht das Gelbe vom Ei. Zwar war sie neueren Datums, verlor aber dennoch ständig Wasser, sodass etwa einmal pro Woche nachgefüllt werden musste. Leider fand aber der Heizungs-„Fachmann" die Ursache nicht und meinte nur lapidar, dass so etwas häufig vorkomme und ganz normal sei. Am besten sei, sich deshalb einen Wasserschlauch zu besorgen und regelmäßig selbst nachzufüllen, was wir denn auch taten. Die Ursache entdeckte dann bei der Abnahme vor unserem Auszug die Maklerin des Hauses: Sie entdeckte ein kleines Rinnsal aus dem Telefonkasten im Keller. Und das kam von einem undichten Flansch einer darüber liegenden Heizwasserleitung: Das habe sie bei sich zu Hause auch schon einmal gehabt. Wenigstens mit durchschlagenden Sicherungen hatten wir keine Probleme ...

Wie dem auch sei: In all diesen Heimen habe wir viel gelernt. Wer weiß? In so manchem Land könnten wir uns inzwischen wohl ohne Weiteres als Haustechniker bewerben und dank unseres Lernens am Objekt („learning by doing") sogar reüssieren. In Deutschland sollten wir vielleicht einmal überprüfen, ob dieser „Beruf" ähnlich wie z.B. der des Fliesenlegers oder Friseurs inzwischen auch freigegeben ist und wir ein betreffendes Gewerbe anmelden könnten, falls uns die Altersarmut einholen sollte, weil wir von den „üppigen" Auslandzulagen nach all den geschilderten Erlebnissen kaum etwas zurücklegen konnten. Immerhin war es dem Mitautoren in seiner Eigenschaft als Haustechniker vor Jahr und Tag mit Hilfe von eigens beschafften Hersteller-Unterlagen sogar einmal gelungen, in die aus Deutschland mitgebrachte Waschmaschine ein neues Programmelement einzubauen, weil das vor Ort kein Fachmann geschafft hatte. Wir nannten es das „Dritte Programm", weil schon zuvor in Deutschland das Erste durch ein Zweites ersetzt worden war.

À propos Fernsehen: Als wir Anfang der Siebziger-Jahre das erste Mal in Südafrika waren, gab es dort noch gar kein Fernsehen. *"We are an outdoor-living people, we don't need television!"* hieß es damals, und irgendwie stimmt es ja auch, dass man kein Fernsehen braucht, wenn man sich dank eines paradiesischen Klimas fast ununterbrochen im Freien aufhalten kann. Gleichwohl wurde es während dieser Jahre dann doch eingeführt und startete zunächst mit nur kürzeren Sendungen an wenigen Abenden in der Woche. Für das an die freie Natur gewohnte Publikum wurden Dokumentationen aus Flora und Fauna gezeigt. Es gab aber auch einige wenige Unterhaltungssendungen. Darunter den aus Deutschland stammenden *„Kleinstadtbahnhof"* mit Gustav Knuth, der sich auf Afrikaans ziemlich ulkig anhörte. Es gab aber auch *„Bonanza"*. Und darauf war unser Sohnemann ganz scharf. Ständig bedrängte er uns: „Ich will Bonanza sehen!" Das Problem war nur, dass das erst zu vorgerückter Stunde gesendet wurde, wenn das Kind eigentlich schon in Morpheus' Armen liegen und in seinen eigenen Traumfilmen selbst spielen sollte. Bis uns das Drängeln schließlich dermaßen auf die Nerven ging, dass wir nachgaben und den Jungen, dem bereits die Augen zufielen, solange wach hielten, bis Hoss und Little Joe mal wieder über den Bildschirm ritten. Diese traumatische Erfahrung hat sein gesamtes späteres Fernsehverhalten geprägt. Er war nämlich trotz allen Pistolengeballers und Pferdegetrappels einfach eingeschlafen und seither aus eigener Erfahrung überzeugt, dass es nicht lohnt, seinen Schlaf fürs Fernsehen zu opfern. Er hat seither nie mehr wegen einer Fernsehsendung gequengelt.

Viel gelernt haben wir auch an den Posten, an denen wir „Personal" hatten, das Heim und Herd mit uns teilte. Und zwar über Land und Leute. So vor allem in Südafrika, wo ein beachtlicher Anteil auch der einheimischen schwarzen Bevölkerungsmehrheit zu den christlichen Religionen gezählt wird. Mit diesem Christentum kann es indes nicht sehr weit her sein, denn wir stellten anhand des nachfolgenden Beispiels sehr schnell fest, dass es eher nur Tünche ist über einen immer noch tief verwurzelten traditionellen Animismus.

Zum ersten Mal kamen wir darauf, als wir unsere Elizabeth fragten, weshalb ihr Bett eigentlich nicht direkt auf dem Boden, sondern erhöht auf vier in Blechkanistern aufgestellten Stapeln Backsteinen stand. Verklemmtes Gedrucke und keine richtige Antwort: Das sei halt einfach

Tradition. Nach weiterem Nachfragen bei burischen Nachbarn kam schließlich heraus, dass das wegen der *„Tokoloshe"* sei. Das sind kleine Gnome, die Unheil bringen, weshalb man den Namen besser nicht in den Mund nehmen sollte. Inzwischen sind die *Tokoloshe* jedoch schon Gegenstand von Comics, sodass nichts mehr zu befürchten ist, wenn wir hier das Tabu brechen, zumal man mittlerweile holzgeschnitzte *Tokolosh*-Figuren auf jedem Straßenmarkt für Kunsthandwerk kaufen kann, ohne Schaden an Leib und Seele zu nehmen. Also: *Tokolosh* ist wie gesagt ein kleiner Gnom, schätzungsweise etwa einen halben Meter hoch und offenkundig ausschließlich männlichen Geschlechts. Wie die sich dennoch vermehren, werden wir sogleich erfahren! Sie sind etwas ungestalt, mit einer Art Ziegenkopf, häufig nur einem Ohr (manchmal rund, manchmal spitz) und einem ausladenden Hängebauch, dessen etwas tiefer liegender Nabel zugleich das männliche Organ zu sein scheint, das bei der maskulinen menschlichen Spezies zwischen den Beinen hängt. Wie alle Geister sind *Tokoloshe* nur nachts aktiv und begeben sich dann auf Wanderschaft, um ihre natürlich weiblichen Opfer im Schlaf zu überfallen. Opfer wird aber nur, wer ihnen auf der Wanderschaft hinderlich ist. Deshalb also muss die untere Bettkante so hoch über dem Boden liegen, dass ein *Tokolosh* ungehindert und *erhobenen* Hauptes darunter durchmarschieren kann. Dafür also diese abenteuerliche Bettkonstruktion. Eigentlich wäre es doch einfacher, die Betten gleich mit höheren Beinen zu versehen. Aber die gibt es nirgends: Offenbar müssen es in Kanistern stehende Backsteinsäulen sein. Wie dem auch sei; wenn man in falscher Höhe schläft (auf dem Boden soll auch gehen, solange der *Tokolosh* ohne große Mühe darüber steigen kann), dann gibt es neun Monate später die Teufelsgeburt eines neuen *Tokolosh*. Zyniker behaupten, dass selbst moderne schwarze Frauen, die mit Handys, Internet und Mikrowelle umgehen können, immer noch auf backsteinerhöhten Betten schlafen. Wahrscheinlich stimmt das nicht, aber es verdeutlicht anschaulich, wie nahe ultramoderne und traditionelle Vorstellungen und Ängste beieinanderliegen und weiterhin den Alltag bestimmen. Umgekehrt wird manchmal behauptet, dass auch die eine oder andere weiße *Madam* ihr Bett auf Backsteine gestellt habe ... Wahrscheinlich ist das aber nur bösartiger Spott. Tatsache aber ist, dass 1994 während der Vorbereitung der ersten wirklich demokratischen Wahlen in diesem Lande in der Unabhängigen Wahlkommission ernsthafte Debatten über die geeignete geometrische Form von Wahlkabinen geführt wurden, um zu verhindern, dass *Tokoloshe* da hineingucken und verraten könnten, wer das Kreuzchen wo gemacht hat.

Dass die Backsteine in Blechkanistern stehen, hat übrigens wohl folgende Bewandtnis: Als wir eines Tages wieder einmal eine Dienstreise zu einem Küstenort antraten, drückte uns Elizabeth eine leere Flasche in die Hand und bat uns, ihr darin Meerwasser und ein wenig Sand vom Strand mitzubringen. Abermals dieses scheue Gedruckse auf die Frage nach dem Wozu? Wiederum von unserem Buren-Nachbarn erfuhren wir, dass *Tokoloshe* als wasserscheue Wesen niemals ins Meer gingen, sondern davor haltmachten. Deshalb böte ein wenig Meeressand und Meerwasser in den Blechkanistern allein schon wegen ihres Geruchs den ultimativen Schutz vor diesen Geistern.

Ein weiteres Beispiel für den fortlebenden Animismus erlebten wir später mit einer anderen Haushaltshilfe. Sie war noch auf Probe bei uns, die sie aber nicht bestanden hatte. Als wir dann nach ihrem Auszug ihr Zimmer inspizierten, lag da vor der Eingangstür auf dem Boden ein ganz offensichtlich gezieltes Arrangement von Hühnerknöchelchen: Der Fluch, den sie damit über uns sprechen wollte, hat sich glücklicherweise jedoch nicht erfüllt. Vielleicht auch dank des Pferdeschwanzwedels, den wir seit unserem ersten Südafrika-Aufenthalt gleich zu Anfang unseres Zigeunerlebens immer und überall zwecks Vertreibung der bösen Geister in unserem Eingang aufgehängt hatten. Wer weiß? Jedenfalls brauchten wir unsere Betten nicht auf Backsteinsäulen zu stellen. Andererseits ist es noch heute geflügeltes Familienwort, wenn irgendetwas aus unerklärlichen Gründen nicht mehr funktioniert (etwa wenn sich der PC wie gerade eben beim Eingeben des Wortes *Tokolosh* zum x-ten Mal „aufgehängt" hat): Da war wohl mal wieder ein *Tokolosh* zugange!

Bleiben wir noch etwas bei Gespenstern und Geistern: Sicherlich ausgehend von den USA, die ja bekanntlich immer und ewig gegen irgendein satanisches Übel (Alkohol, Kommunismus, Grenada, „Achse des Bösen", Terrorismus, *you name it!*) kämpfen müssen, geht nun schon seit Jahren wieder einmal ein Gespenst in der Welt herum. Dieses Mal nicht das des Kapitalismus, sondern das des Rauchens. Dagegen kämpft der gute Geist des Nichtrauchens. Nun sind wir selbst – zu unserer tiefsten Schande müssen wir es gestehen – beide Raucher und hatten deshalb niemals etwas dagegen, wenn bei uns geraucht wurde. Das ging bis zum Ende des letzten Jahrtausends auch einigermaßen problemlos. Im neuen Millennium wurden wir dann ins mutmaßliche Ursprungsland und Hauptquartier des globalen Kampfes gegen die Raucher versetzt. Da hatten wir dann also ein Problem: Wenn wir offizielle Einladungen hatten, konnten wir eigentlich nicht einmal mehr in unserer eigenen Wohnung rauchen! Aber wie vermutlich selbst im Vatikan gab es auch da Abtrünnige oder Widersacher, die sich der reinen Lehre rauchfreier Luft widersetzten und wie auch wir selbst doch mal so zwischendurch eine paffen wollten. Die Lösung? Wir hatten das Glück, dass die Eingangshalle unserer Etagenwohnung auch schon recht groß und damit auch „gesellschaftlich" nutzbar war. Dort haben wir dann - wie das mittlerweile auch hierzulande Vorschrift ist - eine getrennte Raucherzone eingerichtet und uns dort mit den anderen Rauchern aufs Trefflichste unterhalten. Auch wenn wir selbst anderswo Gast waren und uns dort in einer der seltenen Raucherecken oder eben draußen vor der Tür mit „Leidensgenossen" (oder -innen) trafen: Mit Rauchern geht es für unser Empfinden doch irgendwie fröhlicher zu! Wie sich indes seit Neuestem abzeichnet, wird auch solch pragmatische Lösung in absehbarer Zukunft dem verbissenen Kampf gegen das Böse zum Opfer fallen: Selbst in einer Eigentumswohnung, geschweige denn in einer Mietwohnung wird man demnächst nicht mehr rauchen dürfen, weil die Giftschwaden ja durch die Lüftungskanäle ziehen können. In Los Angeles, Kalifornien, soll es schon so weit sein und wird von dort wie so manch andere Umweltvorschrift den Siegeszug um die Welt antreten. Dass wir davor noch verschont geblieben sind, empfinden wir als das einzige und wahre Privileg unseres Diplomatendaseins oder auch als Gnade der frühen Geburt.

Schließlich als Überleitung von „Heim und Herd" zum nächsten Kapitel, in dem wir uns den Nachspeisen zuwenden wollen, noch ein Wort zum Thema „Kräutergarten". Leider war uns nicht überall vergönnt, in einem Haus mit Garten zu wohnen. Wo wir aber das Glück hatten, legten wir stets auch einen Kräutergarten an. Wo wir es nicht hatten, fehlte er uns enorm. Sicher, mit getrockneten und – besser noch – tiefgefrorenen Kräutern lässt sich auch trefflich würzen. Das besondere Aroma bekommt man aber nur mit frischen Kräutern.

In der Regel haben wir folgende Kräutlein angepflanzt.

Für Salate:

- Schnittlauch
- Petersilie
- Dill (gedeiht manchmal aber nur schwierig!)
- Zitronenmelisse
- Liebstöckel („Maggikraut")
- Kerbel
- Selleriekraut

Für Suppen, Fisch, Fleisch und entsprechende Soßen:

- Koriander (für mexikanisches oder ostasiatisches Aroma)
- Thymian, auch „Zitronenthymian" (für italienisches oder provençalisches Aroma)
- Rosmarin (für italienisches oder provençalisches Aroma)
- Borretsch (für Suppen und Salate)
- Zitronengras (für ostasiatisches Aroma)
- Majoran (für Braten)
- Pimpinelle
- Oregano (für italienisches Aroma)
- Salbei (für italienisches Aroma)
- Basilikum (für italienisches Aroma), auch „Thai-Basilikum" für ostasiatisches Aroma
- Knoffi-Gras (statt Knoblauch)
- „Curry"-Kraut (für indisches Aroma)

Nachspeisen

Für Nachspeisen haben wir eigentlich nicht so viel zu bieten, denn die üblichen „Klassiker" wie der gute alte Obstsalat, in der jeweiligen Saison stattdessen auch „nur" frische Erdbeeren, Himbeeren, Brombeeren, Heidelbeeren und Ähnliches, serviert mit einer oder zwei Kugeln besten Bourbon-Vanille-Eises und vielleicht auch noch mit einem Schuss Cointreau, Grand Marnier, Kirsch-, Himbeer- oder anderem „Wasser" verfeinert, sind auch auf Diplomatentischen stets sehr beliebt. Ein paar Besonderheiten können wir aber doch bieten.

Mokka - Parfait
4 Portionen

Das Mokka-Parfait war bei uns stets ein sehr beliebter und deshalb perfekter Nachtisch, sommers wie winters. Und dabei ist es so einfach zuzubereiten!

Zutaten:

3 Eigelb	½ Päckchen Vanillinzucker
100g Zucker	
1 Esslöffel Pulverkaffe (5g)	*Zum Garnieren*:
1 Esslöffel warmes Wasser	1 Riegel bittere Schokolade (15g)
250 ml Sahne	1 Esslöffel Mandelblätter (10g)

Zubereitung:

Eigelb mit Zucker in einer Schüssel schaumig rühren.

Pulverkaffee im warmen Wasser auflösen. Unter die Eigelbmasse mischen.

Sahne in einer anderen Schüssel steif schlagen. Vanillinzucker zugeben. Etwa zwei Esslöffel zum Garnieren in einen Spritzbeutel füllen. In den Kühlschrank legen.

Restliche Sahne locker unter die Eigelbmasse heben. In vier Gläser füllen. Im Eis- oder Gefrierfach des Kühlschrankes oder im Tiefkühlgerät in drei Stunden fest werden lassen.

Mokka-Parfait vor dem Servieren mit Sahnetupfen garnieren. Von der Schokolade mit Messer oder Reibe Späne über die Portionen schaben und mit Mandelblättern bestreuen.

Sofort servieren.

Rumtopf

Im Winter war ein Rumtopf mit ein oder zwei Kugeln bester Bourbon-Vanille-Eiscreme ein „Renner", der die Augen verklärte und die Stimmung hob. Leider ein eher in Vergessenheit geratenes traditionsreiches Haushaltsrezept, das wir wie folgt ansetzen:

Geeignet sind mit Ausnahme von Äpfeln, schwarzen Johannisbeeren, Heidelbeeren und Brombeeren alle Früchte, die vom Frühjahr bis zum Herbst reifen.

So, wie sie auf den Markt kommen, werden die Früchte (nur absolut einwandfreies, reifes Obst verwenden!) nacheinander schichtweise in einem Steingut- oder Glastopf mit Deckel eingelegt und mit Rum übergossen, bis dieser etwa einen Finger hoch über den Früchten steht. Wichtig dabei ist, einen hochprozentigen Jamaika-Rum mit mindestens 54%, besser noch 70% Alkoholgehalt zu verwenden. Zur Mengenorientierung: etwa eine 0,75-Liter-Flasche auf ein Pfund Früchte und ein halbes Pfund Zucker.

Eine Lage Obst benötigt etwa 6 Wochen zum Reifen.

Vor dem Nachfüllen wird der Rumtopf mit einem sauberen Löffel umgerührt.
Nach diesen allgemeinen Regeln nun zum *Rumtopf-Kalender*:

Mai/Juni:
Beginn mit den ersten Sommerfrüchten, den Erdbeeren:
0,5 kg Erdbeeren, 0,25 kg Zucker und 0,75 l Rum. Erdbeeren waschen, trocknen und in eine Schüssel geben. Das halbe Gewicht des Obstes an Zucker dazugeben und das Ganze eine gute Stunde durchziehen lassen. Danach in den Rumtopf schichten und wie oben beschrieben mit Rum übergießen. Deckel auf den Topf und in den Keller oder an einen anderen möglichst kühlen Platz stellen. Gelegentlich nachschauen, ob noch genügend Flüssigkeit im Topf ist, denn der Rum soll ja immer fingerbreit über den Früchten stehen. Gegebenenfalls Rum nachfüllen.

Für die nächsten Obstschichten verfährt man wie mit den Erdbeeren, nur dass nunmehr pro Pfund Obst nur noch ca. 0,2 l Rum zum Nachfüllen benötigt wird.

Juni / Juli:
1 kg Sauerkirschen (nicht entkernt), 0,5 kg Zucker und 0,4 l Rum.

Juli / August:
je 0,5 kg Aprikosen u. Pfirsiche (abgezogen, entkernt, halbiert), 0,5 kg Zucker und 0,4 l Rum.

August / September:
0,5 kg Zwetschgen oder Mirabellen (entkernt u. halbiert), 0,5 kg Himbeeren, 0,5 kg Zucker und 0,4 l Rum.

September / Oktober:
0,5 kg Birnen (geschält, in Stücke ohne Kerngehäuse), 0,25 kg Zucker und 0,2 l Rum.

Oktober / November, jedenfalls spätestens 4 Wochen nach den letzten Früchten eine halbe Flasche Rum nachgießen. Den Rumtopf danach nochmals ein paar Tage ruhen lassen.

November / Dezember: Nun können den Rumtopf öffnen, die Früchte genießen und vielleicht auch ein Likörgläschen von dem „Saft" als Absacker.

Avocadocrème mit Himbeerpüree
4 Portionen

Zutaten:

1 Paket tiefgefr. Himbeeren (250g)	80 g Puderzucker
2 Esslöffel Himbeergeist	2 reife Avocados
1/8 l Zitronensaft (ca.2-3 Zitronen)	1 Becher (200 ml) Schlagsahne

Zubereitung:

Himbeeren abgedeckt auftauen lassen, dann durch ein Sieb streichen. Das Püree mit 2 Esslöffeln Puderzucker und dem Himbeergeist verrühren, zudecken und kaltstellen.

Avocados halbieren, Steine auslösen und Fruchtfleisch mit einem Löffel aus den Schalen schaben. Schalen unbeschädigt lassen und zur Seite stellen.

Fruchtfleisch pürieren und sofort mit Zitronensaft und dem Puderzucker vermengen. Schlagsahne steif schlagen und unter das Avocadopüree heben.

Püree in die Schalenhälften spritzen, etwas Himbeerpüree darüber gießen. Das restliche Himbeerpüree extra dazu reichen.

Crème brûlée
4 Portionen

Crème brûlée ist eine der Lieblings-Nachspeisen des Mitautors. Zum ersten Mal „entdeckte" er sie in einem Restaurant in Johannesburg, dem „Denton's", das es leider schon seit Langem nicht mehr gibt. Damals aber musste er dort seinen Nachtisch schon gar nicht mehr gesondert bestellen, denn er bekam automatisch seine „brüllende Crème". Von dieser träumte er seither gemäß dem französischen Sprichwort, wonach man immer wieder zu seiner ersten Liebe zurückkehrt, denn selten bekam er eine vergleichbare anderswo.

Crème brûlée wirklich fachgerecht zuzubereiten ist wie die *Mousse au Chocolat* (Rezept nachfolgend) eigentlich ziemlich aufwendig. Im Laufe der Zeit haben wir aber ein Rezept entwickelt, das doch recht einfach ist und im Ergebnis dem Traum von Denton's ziemlich nahe kommt (wer weiß? Vielleicht haben die sie auch nicht anders oder jedenfalls so ähnlich gemacht).

Dafür braucht man für 4 Portionen lediglich ein Päckchen Bourbon-Vanille-Pudding wie z.B. vom klassischen Dr. Oetker, 2 Becher Sahne (à 200 ml) und 100 ml Milch, etwas weißen und etwas braunen Zucker sowie einen von den speziellen Flammenwerfern für crème brûlée, die es im Fachhandel gibt.

Im Wesentlichen wird der Pudding so zubereitet, wie es auf der Packung steht. Nur dass man statt des vorgeschriebenen halben Liters Milch eben zwei Becher Sahne und nur noch 100 ml Milch nimmt (man könnte auch einen ganzen halben Liter Sahne nehmen, aber dann wird die Masse vielleicht etwas zu zäh). Dieser „Pudding" wird in vier flache, runde Steingutschälchen (10 bis 15 cm Durchmesser und ca. 3 cm hoher Rand) verteilt, abgekühlt und dann in den Kühlschrank gestellt. So weit kann man also den Nachtisch auch schon am Vortag vorbereiten.

Kurz vor dem Servieren die noch „ungebrüllte" Crème relativ dünn (etwa 1 bis 2 mm), aber gleichmäßig mit dem braunen Rohzucker bestreuen und diesen mit der „brüllend" heißen Flamme des Spezialbrenners karamellisieren: eine ähnlich beeindruckende Show wie das Flambieren am Tisch. Wenn ein solcher Brenner nicht verfügbar ist, die Schälchen aber feuerfest sind, kann man sie auch kurz in einen Elektrogrill stellen, bis der Zucker karamellisiert ist.

Was leider nicht geht, ist, die fertige crème brûlée mit der Zuckerkruste in den Kühlschrank zu stellen. Dort zieht der Zucker nämlich ziemlich schnell Feuchtigkeit an und wird dann wieder weich und zäh. Der „Knack" aber ist eben die Knusprigkeit des Zuckers nach dem Flämmen!

Und wenn gerade die Jahreszeit dafür ist: ein paar Himbeeren oder Brombeeren auf die Zuckerkruste gelegt sieht nicht nur hübscher aus, sondern schmeckt auch noch besser.

Mousse au Chocolat
4 Portionen

Mousse könnte eine süße Naschkatze auch als Muss bezeichnen. Auch dafür ist die klassische, fachgerechte Zubereitung eher aufwendig und – wie es die Mitautorin auch einmal erlebt hat – nicht ganz „ungefährlich": Bei ihrem ersten Versuch vor vielen, vielen Jahren rutschte der Quirl aus, sodass die halbe Küche an den Wänden mit braunen Flecken übersät war ... Also: Sachte, sachte drangehen!

Etwas einfacher – auch für AnfängerInnen – geht es wie folgt:

Zutaten:

4 Eier	170 g zartbittere Schokolade
50 g Zucker	3 Esslöffel starker Kaffee
2 cl (Schnapsglas) Cognac oder Weinbrand	125 g Butter
	¼ l Schlagsahne

Zubereitung:

Eigelb und Eiweiß trennen.
Eigelb und Zucker in einer hochwandigen Rührschüssel cremig schlagen. Die Schüssel in ein heißes Wasserbad auf mittlerer Stufe setzen. Cognac oder Weinbrand unterziehen und die Mischung so lange weiterrühren, bis sie heiß und schaumig ist. Danach Schüssel wieder in kaltes Wasser setzen und so lange weiterschlagen, bis die Crème dick wird. Diese in eine weite Schüssel umfüllen.

Die Schokolade zerkleinern und auf Alufolie bei ca. 100° C im Backofen schmelzen. Die Schmelze in eine kleine Schüssel geben, den kalten Kaffee einrühren und das Ganze abkühlen lassen.

In die abgekühlte, aber noch „flüssige" Schokoladen-Kaffee-Mischung nach und nach weiche Butterflocken unterrühren und diese Crème schließlich mit der Eigelb-Crème vermischen.

Eiweiß und Schlagsahne getrennt steif schlagen. Von der Sahne etwa 4 Esslöffel für die Dekoration abtrennen. Die übrige Sahne und den Eischnee nach und nach unter die Crème ziehen und das Ganze in eine Servierschüssel füllen. Restliche Schlagsahne in einen Spritzbeutel oder Ähnliches füllen und die Mousse verzieren.

Vor dem Servieren sollte die Mousse etwa vier Stunden im Kühlschrank kalt stehen.

Kiwipüree
4 Portionen

Früher war dieses Dessert noch ein wenig exotisch, weil es Kiwis nicht immer und nicht überall gab. Gleichwohl: Auch heute, wo diese Früchte sogar in den Obstständen von Kleinstädten erhältlich sind, ist es immer noch ein erfrischender Nachtisch, der leicht herzustellen ist und immer noch „etwas hergibt".

Zutaten:

4 weiche, reife Kiwis	Sahne-Eiscrème oder Zitronensorbet
1 ½ Esslöffel Puderzucker	frische Minze oder Zitronenmelisse

Zubereitung:

Das Fruchtmark der Kiwis aus den Schalen lösen und grob zerteilen. Mit einem Esslöffel Puderzucker im Mixer oder mit dem Schnellmixstab pürieren.

Ein oder zwei Kugeln Sahne-Eis (Bourbon-Vanille, Walnuss („Maple Walnut"), Stracchiatelle oder Ähnliches) oder – besonders erfrischend – auch ein gutes Zitronensorbet auf einen Dessertteller geben und Kiwipüree darum herum gießen. Mit einem Blättchen Minze oder Zitronenmelisse verzieren. Durch ein Teesieb oder Ähnlichem mit etwas Puderzucker bestäuben. Wer ein i-Tüpfelchen darauf setzen will, könnte dann auch noch ein wenig Mandelblättchen oder gehackte Walnüsse darüber streuen und vielleicht noch ein oder zwei Eiswaffeln dazu legen.

An heißen Tagen könnte man das Püree vor dem Servieren noch ein wenig im Kühlschrank herunterkühlen.

Landes-, Waren- und Berufskunde

Wie jeder Bildungshungrige weiß, bildet Reisen. Nicht nur Diplomaten sind bildungshungrig, sondern auch die Politprominenz. Dass z.B. auch Parlamentarier ziemlich reisefreudig sind, ist ja schon seit jeher pressenotorisch. Ebenso, dass solche Reisen nicht immer ausschließlich sachlich-fachlich motiviert oder begründet sind, sondern durchaus auch Elemente eines „privaten Bildungsprogramms" enthalten, wie DER SPIEGEL in seiner Ausgabe 6/2008 auf Seite 28 unter dem Titel „Tapa-Tour und Triathlon" bemerkte und, sonst wäre er nicht der SPIEGEL, auch monierte. Lassen wir jedoch die Kirche im Dorf! Wer (wahrscheinlich sogar der eine oder andere SPIEGEL-Redakteur) hat sich nicht schon einmal darüber geärgert, wenn er eine Geschäfts- oder Dienstreise machen musste, während der er nur im Transportfahrzeug und in Sitzungsräumen saß, ohne wenigstens eine kurze Gelegenheit gehabt zu haben, sich auch ein wenig am Ort des Geschehens umsehen und ein Mitbringsel für die Lieben Daheim kaufen zu können? Was ist schon Paris, ohne den Eiffelturm, Rom, ohne das Kolosseum, Washington, ohne das Capitol oder London, ohne den Tower gesehen zu haben? Das ist wie Berlin, ohne wenigstens einmal einen Blick auf das Brandenburger Tor geworfen zu haben (es sei denn, die Tagung war gleich nebenan im *Adlon*). Kritikwürdig sind solche „privaten Bildungsprogramme" deshalb nur dann, wenn sie offenkundig der eigentliche Grund für Politreisen und nicht nur eine legitime Nebenkomponente sind. Und das ist dann doch eher selten der Fall.

In der Regel führen all solche Politreisen dazu, dass nicht nur die betroffenen deutschen Auslandsvertretungen angelegentlich eher als eine Art Reisebüro fungieren, sondern dass auch die Partner der Mitarbeiter in die Programmgestaltung mit einbezogen sind. In der Regel sind dies auch heute noch die Ehefrauen, die dann nicht nur den Kochlöffel für das obligate Mittag- oder Abendessen schwingen, sondern überdies auch noch Fremden- und Einkaufsführerinnen spielen müssen. Jedenfalls wenn, was besonders „ganz oben" bisweilen der Fall ist, die Politprominenz auch noch von ihren Gattinnen begleitet wird und demzufolge dann ein „Damenprogramm" erstellt werden muss. Egal, ob mit oder ohne eheliche Begleitung der Besucher, solche Programme enthalten wunschgemäß zumeist, was intern etwas spöttisch als „Landeskunde", also ein eher touristisches Teil- oder Nebenprogramm, und als „Warenkunde", das ist dann das Einkaufen, bezeichnet wird. In der Praxis allerdings lassen sich diese beiden „Kunden" oftmals trefflich miteinander verbinden.

Warenkundlich sind in exotischeren Ländern natürlich vor allem die Kunsthandwerksmärkte von besonderem Interesse, die alle dem gleichen, was man gemeinhin Basar nennt. Und auf einem Basar wird natürlich gefeilscht. Das gehört nun einmal dazu und macht ja auch Spaß, egal ob im Orient oder sonst wo. In früheren Jahren aber überschritt dieser Spaß des Öfteren sogar unter Berücksichtigung der schwäbischen Sparsamkeit des Mitautoren die Grenze zum Peinlichen. Übrigens schon lange, lange bevor in Deutschland von einer planetarischen Elektronik-Kette das „Geiz-ist-Geil"-Syndrom als genetisches Merkmal (um nicht zu sagen: Defekt) der Germanen erkannt wurde, weil die – so eine andere solche Kette – doch nicht doof sind. Da regte man sich Daheim über Kinderarbeit und Hungerlöhne auf, scheute sich im Ausland aber nicht, einen Preis vom zweistelligen Cent-Bereich möglichst noch auf einen einstelligen herunterzudrücken, um schließlich auch noch festzustellen, dass man vor Abreise wohl vergessen hatte, ausreichend Devisen einzutauschen und den oder die diplomatische Fremdenführer(in) anpumpte. Der Gipfel konnte es dann noch sein, wenn solcher Kredit am Ende auch noch abgeschrieben werden musste, weil auch der noch in Vergessenheit geriet. Solches und Ähnliches haben wir über die Jahre – obwohl ganz gewiss Ausnahme und nicht Regel! – dann doch so oft erlebt, dass wir uns schließlich entschlossen, bei solchen Gelegenheiten eben auch nur noch den sprichwörtlichen Notgroschen im Geldbeutel zu haben. Bis man in späteren Jahren einem Gast einfach an einen Geldautomaten in der Nähe für das nötige Kleingeld führen konnte. Ungeachtet dessen sind wir aber mit solchen Besuchern – ob sie zu den geilen Geizern gehörten, hatte man ja schnell herausgefunden – möglichst nicht auf den selbst bevorzugten Basar oder zum Händler unseres Vertrauens gegangen, um nicht unseren eigenen Status als bevorzugter Kunde zu gefährden. Auch Feilschen beruht nämlich auf gegenseitigem Vertrauen. Und das lässt gewiss nach, wenn man seinem Händler nur knickrige Kunden zuführt!

Wir sehen also: die diplomatischen Ehefrauen üben neben dem einer Köchin für Deutschland auch noch ein zweiten, je nach Posten durchaus auch „erfüllenden", keineswegs aber auch immer befriedigenden, Beruf aus. Wie aber steht es eigentlich mit der stetig wachsenden Anzahl von Ehefrauen, die auch im Ausland ihren erlernten Beruf ausüben wollen. Leider sieht es da immer noch nicht sehr rosig aus. Zunächst einmal wegen des Konflikts zwischen Arbeitserlaubnis und „Immunität" (siehe Seite 78), wo sich wieder einmal der Amtsschimmel in seinen eigenen Schweif beißt: klarer Fall von ent- oder weder. Beides zusammen geht wohl nur in den seltensten Fällen. Wenn man überhaupt eine Arbeitserlaubnis bekommt, weil der betreffende Beruf zunächst einmal für Einheimische reserviert oder aus anderen Gründen „geschützt" ist. Aber angenommen einmal, man bekäme die begehrte Erlaubnis. Dann käme fast sicher noch die nächste Hürde: die Anerkennung des deutschen Berufsabschlusses. In vielen Ländern, vor allem außerhalb Europas, wird der nämlich nicht anerkannt und deshalb eine Nachprüfung verlangt. Lohnt sich da noch der Zeit- und Nervenaufwand für das nötige „Nachbüffeln", um schließlich erst dann loslegen zu können, wenn schon wieder der Container für den nächsten Posten beladen wird?

Eigentlich gibt es nur sehr wenige Möglichkeiten zur eigenen Berufsausübung von Ehepartnern. Z.B. wie bei der Mitautorin den Lehrerberuf an solchen Dienstorten, an denen es auch eine deutsche Auslandsschule gibt. Da findet sich oftmals ein Weg. Aber solche Posten sind nicht dicht gesät. Oder im Journalismus, wobei aber gleich wieder „Konflikte" entstehen können, wenn man sich auf politischem „Glatteis" bewegt, entweder, weil man sich nicht dem Vorwurf aussetzen will, das Insider-Wissen des Partners zu missbrauchen, oder weil man diesen nicht in die Pfanne hauen will, wenn man selbst mit der „offiziellen Linie" nicht einverstanden ist. Da bliebe dann wohl nur das Feuilleton ...

Was also tun in dieser Lage? Nun, für viele Frauen bleibt am Ende fast nur noch die soziale Tätigkeit. Sozial, weil sie entweder zwar ihren erlernten Beruf doch ausübt, aber eben nicht gegen Entgelt, sondern „ehrenamtlich", oder eben Arbeit in einer sozialen Einrichtung des Gastlandes: Organisieren von Wohltätigkeitsbasaren, Kaffee-Nachmittage in Altersheimen, Mithilfe beim Aufbau von Kindergärten in Slumsiedlungen und dergleichen mehr. Oder statt der tratschenden Kaffeekränzchen z.B. Literatur- und/oder Filmgruppen aufbauen oder betreuen, um dort nicht nur den „ewigen" Goethe und Schiller zu lesen oder die süßen Sissi-Filme zu zeigen und zu diskutieren (nichts gegen solche „Klassiker"! aber eben nicht ausschließlich), sondern auch zeitgenössische deutschsprachige Literatur und Filme, damit die „Exildeutschen" ihr allzu oft nostalgisch-antiquiertes Deutschlandbild wieder ein wenig auffrischen können. All das kann, wie wir aus eigener Erfahrung wissen, sehr harte Arbeit sein, die den Ruf unseres Vaterlands im Ausland mindestens ebenso mehrt, wie eine gute Küche. Jedenfalls weitaus mehr als Waren- und Landeskunde der oben beschriebenen Art. Und den Ruf des Vaterlandes zu mehren sollte doch eine der vornehmsten Aufgaben von Diplomaten und ihren Partnern sein.

Alles in allem: Da bleibt eigentlich nur noch wenig Zeit fürs Golfen, Bridge-Spielen oder die notorischen Damen-Kaffee-Kränzchen. Ganz abgesehen von den bereits vorgestellten „Berufen" der Köchin und Hausmeisterin. Wenn nämlich auch noch heranwachsende Kinder da sind, kommt noch derjenige einer Chauffeurin und Jugendherbergsleiterin hinzu. In einer Megastadt wie Mexiko z.B. reicht es nicht, einfach mal schnell die Kinder zu ihren Freunden in der Nähe zu fahren und nach ein paar Stunden wieder abzuholen, von der Nutzbarkeit öffentlicher Verkehrsmittel ganz zu schweigen. Zu dem bereits früher geschilderten Verkehrschaos in dieser Stadt kommen auch die Entfernungen hinzu. Also müssen die Lütten über Nacht bleiben. Und Mexiko ist da durchaus kein Einzelfall. Übrigens mit ein Grund dafür, dass wir nach Mexiko ausdrücklich um einen ganz normalen europäischen Posten gebeten hatten, um dafür zu sorgen, dass die Kleinen wieder mit dem normalen Leben konfrontiert sind und sich nicht zum lebensuntüchtigen Kunden von Hotel Mama und der damit verbundenen Dienstleistungen entwickeln.

Kurzum: Diplomatenfrau kann durchaus auch ein Full-Time-Job sein, der sehr viel Sachkunde in den verschiedensten Bereichen erfordert! Und diejenigen, die diese Herausforderung annehmen, sind obendrein noch schlecht bezahlt. Eigentlich fast gar nicht. Erst seit dem Gesetz für den Auswärtigen Dienst von 1990 gibt es zwar ein „Ehegattengehalt", mit dem sich Ehepartner eher fiktiv so etwas wie einen eigenen Rentenanspruch (weiter)finanzieren können sollen. Aber: Zum einen ist dieses

„Gehalt" ziemlich gering, nämlich nur ein relativ kleiner Prozentsatz der Auslandszulage des Ehegatten. Und zum anderen wird es nicht einmal direkt an die Ehefrau ausgezahlt, sondern erscheint als eine Art Zulage auf dem Gehaltszettel des Bediensteten, offenbar im Gottvertrauen darauf, dass der Göttergatte das dann auch tatsächlich an die Köchin für Deutschland weiterleitet. Alles in allem: wenigstens eine symbolische Anerkennung für die manchmal durchaus harte Arbeit. Umgerechnet auf den Stundenlohn aber nach wie vor eher ein Fall von Ausbeutung.

Kaffee und Kuchen

Aunt Rosie's "Blechkuchen"

Eigentlich heißt das schlicht und einfach nur Blechkuchen. Wir haben ihm den Namen nur deshalb gegeben, weil wir das Rezept vor Jahr und Tag einmal von unserer Tante Rosemarie bekommen haben. Es ist aber genial, weil einfach und schnell zubereitet, gerade auch, wenn einmal kurzfristig unvorhergesehener Besuch ins Haus schneit. Dauert nur eine halbe Stunde und gibt mehr her, als er ist, und dafür braucht man dann auch einen „Künstlernamen".

Zutaten (1 Becher ist ein 250ml- Sahnebecher).

a) Teig
1 Becher Schlagsahne   1 Becher Zucker
2 Becher Mehl   4 Eier
1 Tüte Vanillezucker   1 Tüte Backpulver
            Saft einer halben Zitrone

b) Belag
125 g Butter   1 Becher Zucker
1 Tüte Vanillezucker   4 Suppenlöffel Milch
            200g Mandelblätter

Zubereitung:

Teigzutaten mischen und zu einem zähflüssigen Teig verrühren. Diesen gleichmäßig auf ein Backblech streichen. Im vorgeheizten Ofen bei 200°C für 10 Minuten backen.

Während der Teig bäckt, die Butter mit der Milch, dem Zucker und Vanillezucker flockig schlagen und nach und nach die Mandeln dazugeben.

Die Mandel-Butter-Masse gleichmäßig auf den Kuchen verteilen und das

Ganze nochmals für 10 Minuten backen. Übrigens: Wenn ein ganzes Blech zu viel ist für ein Mal, dann kann man den Rest auch bestens einfrieren und bei Bedarf wieder auftauen. Das aber möglichst etwa einen halben Tag vor dem Verzehr, damit die Feuchtigkeit nach dem Auftauen verdunsten kann.

Englischer Teestollen

Eigentlich ist dies in unserer Familie schon seit Jahrzehnten der traditionelle Geburtstagskuchen. Im Unterschied zum Blechkuchen gibt er nicht nur viel her, sondern ist ganz reell von buchstäblich gewichtiger Substanz. Der fertige Kuchen liegt fast wie ein Backstein in der Hand, keineswegs aber im Magen!

Zutaten:

190 g Butter	250 g Sultaninen
250 g Zucker	5 Eier
250 g Mehl	1 Esslöffel Rum oder Kirschwasser

60 g Orangeat und 60 g Zitronat oder 120 g Zuckademix

Anmerkung:
Rum oder Kirschwasser sollten möglichst nicht mit entsprechendem Backaroma ersetzt werden, weil dadurch der Kuchen beim Ausbacken im Kern glitschig bleibt. Alkohol wirkt nämlich ebenfalls wie ein Treibmittel! Falls aber doch nur Backaroma zur Hand sein sollte, müsste noch ein wenig Backpulver dazugegeben werden. Davon aber weniger als sonst für die Mehlmenge üblich, weil auch die Eier treiben.

Zubereitung:

Die Butter gut schaumig rühren, Zucker und Eier nach und nach unterschlagen.

Mehl und Rum in drei Partien unterrühren. Sultaninen, gewürfeltes Orangeat und Zitronat mit Mehl bestäuben (sonst sacken sie im Teig ab!) und unter die Teigmasse heben.

In eine Kastenform füllen und bei 200° C oder 180° C Umluft ca. 50 Minuten backen

Pfirsich - Streuselkuchen

Zutaten:

375 g Mehl	200 g Butter
2 Teelöffel Backpulver	1 große Dose Pfirsiche
200 g Zucker	Mandelaroma
2 Eier	Puderzucker, Zitronensaft
Paniermehl (Semmelbrösel)	

Zubereitung:

Aus Mehl, der weichen Butter, Backpulver, Zucker, Eiern und Mandelaroma einen Teig machen. Diesen hälftig teilen.

Aus der einen Hälfte des Teiges in einer runden Form den Kuchenboden formen. Diesen mit Paniermehl bestreuen, damit die Pfirsiche den Boden nicht aufweichen. Darauf die Pfirsiche legen. Die andere Hälfte des Teiges mit ein wenig Mehl zu Streuseln verkrümeln und über die Pfirsiche verstreuen.

Bei 180° C etwa 45 Minuten backen.

Aus Zitronensaft und Puderzucker gerührte Glasur über die noch warmen Streusel streichen.

Statt Pfirsichen kann man übrigens auch Kirschen aus dem Glas nehmen.

So, wie es schlicht und einfach ein „traditionelles Klischee" ist, wenn Gäste der Dame des Hauses statt Blumen eine Schachtel Pralinen mitbringen, so ist es auch ein Klischee, dass man zum Tee oder Kaffee am Nachmittag nur süßen Kuchen mit Schlagsahne anbieten soll. Tatsache jedenfalls ist, dass oftmals nicht die Frauen, sondern vielmehr die Männer das süße Schleckermäulchen sind, die sich dann an den Pralinen erfreuen, und dass Frauen oftmals sehr viel lieber etwas „Herzhaftes" auch zum Tee oder Kaffee mögen. Am besten also, neben dem süßen Kuchen z.B. auch eine salzige Quiche anzubieten. Und das muss nicht immer die klassische Quiche Lorraine sein.

Broccoli-Lachs-Quiche
4 Portionen

Zutaten:

200 g Mehl	2 Becher saure Sahne
50 g gemahlene Haselnüsse	2 Eier
100 g Butter	2 Teelöffel Zitronensaft
500g Broccoli	1 Bund fein gehackter Dill
200 g Räucherlachs	100 g geriebener Gouda
200 g Garnelen	Salz, Pfeffer

Zubereitung:

Für den Teig das Mehl, die gemahlenen Haselnüsse, die weiche Butter und eine Prise Salz zunächst mit dem Knethaken eines Handrührgerätes zu einem glatten Teig verrühren und danach nochmals mit der Hand durchkneten. Den Teig sodann in Alufolie verpackt etwa eine halbe Stunde im Kühlschrank ruhen lassen.

Teig in eine eingefettete Quiche-Form (ca. 30 cm Durchmesser) drücken und Rand hochziehen. Mehrmals mit einer Gabel einstechen und zunächst bei etwa 200° C im Backofen vorbacken.

Währenddessen Broccoli in Röschen teilen und in kochendem Wasser etwa 3 Minuten blanchieren und danach abtropfen lassen.

Räucherlachs in Streifen schneiden. Zusammen mit dem Broccoli und den Garnelen auf dem Quicheboden verteilen.

Die saure Sahne mit den Eiern, Salz, Pfeffer (am besten frisch gemahlen), Zitronensaft und Dill verrühren und über den Belag gießen.

Das Ganze mit dem geriebenen Käse überstreuen und etwa eine weitere halbe Stunde im Backofen backen.

Und wer dazu dann doch keinen Kaffee oder Tee mag: Ein Gläschen Sekt, Champagner oder Prosecco schmeckt auch am Nachmittag!

Champignontorte

Zutaten:

Teig:
- 200 g Mehl
- 90 g Butter
- 35 g Schweineschmalz
- 4 – 5 Esslöffel kaltes Wasser
- 1 Ei
- 1 Prise Salz

Belag:
- 600 g frische Champignons
- 2 große Zwiebeln
- 50 g durchwachsenen Speck
- 3 Eier
- 2 Becher Crème fraîche
- ½ Teelöffel Salz
- ¼ Teelöffel weißer gemahlener Pfeffer
- 2 Esslöffel gehackte Petersilie

Zubereitung:

Aus den Zutaten einen Teig kneten, zu einer Kugel formen und diese etwa ½ Stunde im Kühlschrank ruhen lassen.

Währenddessen die Champignons, am besten und leichtesten mit einem Eierschneider, in Scheiben schneiden. Zwiebeln und Speck würfeln. In einer Pfanne erst den Speck glasig dünsten und dann Zwiebeln und Champignons dazugeben. Immer wieder rühren, bis das Wasser aus den Pilzen verdunstet ist. Abkühlen lassen.

Teig leicht mit Mehl bestäuben und ausrollen. Runde Kuchenform, etwa 30 cm Durchmesser, mit dem ausgerollten Teig auslegen und Rand hochziehen. Pilze auf diesen Boden legen.

Eier mit der Crème fraîche, der Petersilie, Salz und Pfeffer verrühren und über die Champignons gießen.

Im auf 200° C (Umluft 175° C) vorgeheizten Backofen auf der unteren Schiene etwa 50 Minuten backen.

Wieder daheim

Nun haben wir also ein volles Menü beendet und einen Auslandsposten durchlaufen. Zeit also, wieder für einen Turnus zurück nach Deutschland in „die Zentrale" zurückzukehren. Wieder einmal die rund 50 verschiedenen Ab-, Um- oder Anmeldungen und anderen bürokratischen Vorgänge. Man kennt das ja mittlerweile. Und doch: Auch daheim gibt es immer wieder neue Überraschungen.

Natürlich versucht man jedes Mal erneut sein Bestes, um für die Rückkehr alles möglichst so vorzubereiten, dass es unverzüglich „laufen" kann: Waschmaschine, Kühl- und Gefrierschrank, Herd, Fernseher und was sonst noch alles. Vor allem aber das Auto. Nun war man aber zuvor vielleicht in einem Land mit Rechtsverkehr, weshalb man sein Auto vor Abreise noch dort verkauft hat und demzufolge wieder ein neues braucht. Das hat man vorausschauend auch schon ein paar Monate zuvor noch aus dem Ausland bestellt, damit es gleich nach Ankunft abgeholt und benutzt werden kann. Erst aber muss es noch zugelassen werden. Was aber, wenn man mangels eines bezugsfertigen Eigenheims (z.B. weil man noch gar keines hat oder weil der Mieter noch nicht ausgezogen ist) bei der Wohnungsbesichtigungsreise (siehe Seite 20) noch nicht erfolgreich war? Dann hat man selbst als Bundesbeamter verwaltungstechnisch noch keinen Wohnsitz im Inland und kann folglich auch kein Auto anmelden. Verwirrt stellt man fest, dass auch wir Deutschen so etwas Ähnliches wie eine Sozialversicherungsnummer (siehe Seite 25) haben. Etwas, woran der Bürger notfalls dingfest gemacht werden kann. Bei uns scheint das die Einwohnermeldebescheinigung zu sein. Bleibt also nur ein Leihwagen oder, was umweltpolitisch ohnehin korrekter ist, der öffentliche Nahverkehr bzw. das Fahrrad, bis man dann hoffentlich bald seinen amtlich bestätigten Wohnsitz hat und das schöne neue Auto auch anmelden kann.

Wie wir von Kollegen wissen, kann einem ein ähnliches Schicksal auch beim Anmelden seiner Kinder in der Schule passieren, ein Kelch, der an uns glücklicher Weise vorübergegangen ist. Ohne festen Wohnsitz im betreffenden Schulbezirk kann man sie nämlich genau so wenig anmelden wie ein Auto, jedenfalls nicht in Berlin. Und wie das heutzutage so ist mit der Qualität von Schulen: So manche besorgte Eltern wollen für ihre Kinder verständlicherweise die möglichst beste Schule und richten auch die Wohnungssuche entsprechend aus. Erst wollen sie deshalb eine gute Schule suchen, danach dann entsprechend die Wohnung. Geht aber nicht, weil man erst eine Einwohnermeldebescheinigung braucht, um den Nachwuchs an der Schule anmelden zu können. Und da merkt man plötzlich am eigenen Leib, wie es beispielsweise dem ausländischen Arbeitnehmer geht, der im schier ausweglosen Kreislauf zwischen Jobzusage und Arbeitserlaubnis gefangen ist: Jobzusage erst nach Arbeitserlaubnis, dieser aber wiederum erst nach Jobzusage ... Gar nicht auszumalen, wie kompliziert das Ganze wird, wenn dann noch die Einwohneranmeldung mit ähnlichen Teufelskreisen dazu kommt. In solchen Zwickmühlen kann man also kaum noch anders, als an irgendeinem Punkt Verwaltungsvorschriften zu umgehen und zu hoffen, dass man doch irgendwie davon kommt. Fazit: Zwar ist jeder Diplomat im Ausland Ausländer und hat deshalb vollstes Verständnis für das manchmal harte Los der Ausländer bei uns. Dass er selber aber nach Rückkehr aus dem Ausland auch schon fast so etwas wie ein Ausländer im eigenen Land werden kann, damit hat er denn doch nicht so ohne Weiteres gerechnet.

Ein anderes Thema: Zurück in Deutschland werden wir stets aufs Neue von einer seltsamen Art Hysterie befallen: dem "differenzierten Müllentsorgungssyndrom". Wir leben in der nackten Angst, dass irgendwann bei Nacht und Nebel ein Müllinspektor mit gezogener Waffe und Handschellen am Gürtel vor der Tür steht, weil wir einen Joghurtbecher ungewaschen in die graue, statt gewaschen in die gelbe Tonne geschmissen haben. Ständig die bange Frage, ob die leere Keksschachtel nun in die grüne Papiertonne oder - weil mit einer Beschichtung versehen - als "Verbundstoff" nun doch in die gelbe kommt. Auch bleibt uns regelmäßig das Sonntags-Frühstücks-Ei - obwohl traditionell "kernweich" gekocht - im Hals stecken, weil wir immer noch nicht geklärt haben, ob die ausgelöffelte Eierschale nun in die braune Biotonne oder doch etwa in die graue "Restmülltonne" entsorgt werden muss und in welche Tonne der Eierbehälter (Papier oder Bio?). Ähnlich geht es uns mit den ausgelaugten Teebeuteln: Muss der Metallclip nun herausgepult und in die Restmülltonne geworfen werden oder kann man den Teebeutel als Ganzes in die Biotonne werfen? Wir bereiten allein schon deshalb unseren Tee lieber auf traditionelle Weise zu. Schmeckt ohnehin besser so. Und wenn man - wie wir nach der Hausrenovierung - dann noch irgendwelche Büchsen und Eimer mit Farbresten und verbrauchten Lösungsmitteln hat und diese als gesetzestreuer Bürger zum einmal im Quartal auf dem Rathausplatz für ein paar Stunden stationierten Sondermüllauto schleppt, um das offenbar an Massenvernichtungswaffen grenzende und deshalb möglicherweise sogar dem Kriegswaffen-Kontroll-Gesetz unterliegende Zeugs loszuwerden, dabei dann aber mit nicht nur politisch, sondern auch ökologisch korrekt-fanatischem Blick und preußisch-schnarrendem Kasernenhofton angeblafft wird, dass die leeren Wandfarbeneimer in die gelbe Tonne gehören, dann beginnt man sich nach einem ordentlichen Carhijacking mit vorgehaltener Kalaschnikow in den Straßenschluchten Johannesburgs, oder nach einem amerikanischen Polizisten zu sehen, der nichts mit einem Diplomatenkennzeichen anzufangen weiß und einen erst mal die Hände heben lässt und nach Waffen durchsucht. Oder man kommt aufs beruflich ja ohnehin schon erprobte Saufen, weil wenigstens da noch klare Verhältnisse herrschen: Grüne Flasche in den für grünes Glas, weiße in den für weißes Glas und braune in den für braunes Glas bestimmten Container. Das schafft man als diplomatisch geübter Partysäufer sogar noch im Delirium. Zumal man es als solcher ja ohnehin nur mit grünen Champagnerflaschen zu tun hat, was die Angelegenheit erheblich erleichtert ...

Anderswo wird ja auch der Müll getrennt. Schließlich ist die Klimakatastrophe ein globales Phänomen. Aber nirgendwo ist es so kompliziert wie in Deutschland, wo man sich jahrelang übers Flaschenpfand gestritten hatte, um schließlich ein System zu entwickeln, das es einem unmöglich macht, z.B. eine unterwegs an einer, sagen wir mal ARAL- Tankstelle an der Autobahn gekaufte PET-Flasche Mineralwassers nach Entleerung wieder an einer anderen ARAL-Tankstelle am Weg zum Ziel los zu werden. Das geht nämlich nur an „allen *teilnehmenden* ARAL-Tankstellen", was keineswegs bedeutet, dass auch *alle* ARAL-Tankstellen teilnehmen. Und wer irrt schon durch Deutschlands Straßen, bis er endlich auch eine teilnehmende Tankstelle gefunden hat? Wir nicht: Verzweifelt haben wir die leere Flasche schließlich in der gelben Tonne entsorgt und auf die 20 Cent Pfand-Rückerstattung verzichtet. Davon lebt der Gelbe Punkt offenbar ganz profitabel.

Vielleicht hätte man seinerzeit nur einmal eine Delegation des zuständigen Bundestagsausschusses oder Ministeriums anstatt zu einer Bildungs- (vgl. Seite 161) zu einer Informationsreise z.b. nach Schweden schicken sollen: Da gab es schon vor mehr als zwanzig Jahren ein sehr gut und unkompliziert funktionierendes Pfandflaschen- und Büchsen – Recyclingsystem. Auch in den Niederlanden geht die Mülltrennung sehr viel einfacher: Papier wird an festgelegten Tagen gebündelt neben die *eine* Mülltonne gestellt, die man hat. In diese kommt in Plastikbeuteln gesammelt der Rest- und Verpackungsmüll, der Biomüll lose dazu. Getrennt (oder auch nicht?) wird das vom Entsorgungsunternehmen am Müllplatz. Glas wird ungeachtet der Farbe in Containern gesammelt. Auch in den USA wurde nur nach Papier, Plastik/Glas und sonstigem Müll getrennt. Andererseits: wo immer wir es mit Mülltrennung zu tun hatten, da lief auch wie bei uns das Gerücht um, dass das getrennte Zeugs am Ende doch wieder auf ein und derselben Müllkippe oder Verbrennungsanlage landen soll ...

Alles in allem legt diese Müllhysterie nahe, möglichst viel selbst zu kochen und dabei möglichst wenig Fertigprodukte, sondern nur frische zu verwenden. Man ist dann des ewig nagenden Zweifels enthoben und kann alle Abfälle einfach nur in die braune Biotonne schmeißen. Zudem ist es gesünder, sodass man sich zum Ausgleich wenigstens daheim noch eine Verdauungszigarette gönnen kann, die einem im Restaurant ja versagt ist.

Ein kurzer Abgang

Natürlich gehört zum guten Essen auch ein guter Wein! Wo also sind Empfehlungen dafür in den Rezepten? Nun, entgegen dem eingangs geschilderten Klischee können und wollen wir für uns nicht in Anspruch nehmen, von Wein wirklich so viel zu verstehen, dass wir uns zu Empfehlungen aufschwingen dürften. Deshalb haben wir natürlich neben Kochbüchern immer auch einmal wieder Weinbücher zur Hand genommen, uns aber dennoch nie an angebliche „Weinpäpste" wie den „*Parker*", „*Johnson*", „*Piggot*" und wie sie alle sonst noch heißen, gehalten, sondern sind nur unserem eigenen Geschmack gefolgt. Dabei ging es uns so ähnlich, wie bereits oben bei der Crème brûlée (Seite 156) vermerkt: Man kehrt immer wieder zur ersten Liebe zurück. Unsere ersten Lieben beim Wein waren südafrikanische. Wir trinken deshalb zwar zur Abwechslung zwischendurch durchaus auch einmal andere, kehren am Ende aber dann doch immer wieder zu südafrikanischen zurück. Unsere Weinempfehlungen wären daher ganz einfach parteiisch und somit unfair. Sie wären zudem auch unangebracht, weil wir gerade von einem südafrikanischen „Weinpapst", *John Platter*, gelernt haben, dass man sich nicht so sehr an irgendwelchen modischen Empfehlungen von wirklichen oder selbsternannten „Experten", sondern besser an der eigenen Nase und dem eigenen Geschmack orientieren soll. Darum scheute er sich nicht einmal, neben **dem** *Platter* auch noch einen *plonk guide* herauszugeben, in dem er preiswertere, ja mitunter sogar „billige" Weine vorstellte, weil er der Meinung war, dass es auch in dieser Kategorie sogar hervorragende Weine geben kann, die sehr wohl mit den angeblich so noblen „großer" Weingüter oder Kellereien mithalten können. Umgekehrt, so meinte er, können diese für seinen Geschmack bisweilen auch ziemlichen *plonk* (also Plörre) verzapfen. Jedenfalls: Weil dem für uns so ist, haben wir im Vorstehenden konsequenter weise Abstand davon genommen, zu einzelnen Gerichten auch Weinvorschläge zu machen.

Noblen Wein hin, Plörre her. Natürlich wird im Ausland von einem deutschen Diplomaten auch deutscher Wein zum Gastmahl erwartet. Für uns war das beim Weißwein nie ein Problem, denn der kann zweifellos auch in solchen Ländern, die selbst große Weine produzieren, locker mithalten. Weshalb wir es übrigens nie verstanden haben, wie insbesondere in angelsächsischen Ländern die süßlichen „Möselchen" aus alten Tagen, allen voran die *Liebfraumilch* und ähnliche sogar bis zum heutigen Tag als Inbegriff deutscher Weinmacherei gelten. Gegen dieses *image* in manchen Ländern muss die deutsche Weinwirtschaft, die sich ja schon seit Jahrzehnten auf „trockene" Weine umgestellt hat, leider immer noch ankämpfen. Das jedoch mit wachsendem Erfolg, wie man in der Fachpresse nach- und an zunehmenden auch internationalen Auszeichnungen insbesondere des Rieslings ablesen kann, der sich inzwischen, vor allem in den USA, sogar zum Modewein mausert, wie zuvor Chablis, Chardonnay oder Pinot grigio.

Aber mit Rotweinen fanden wir das in solchen Ländern, die selbst große Rotweine an- und ausbauen, bis in die achtziger Jahre hinein nach unserem Geschmack doch etwas problematisch. Vor dem heutigen Klimawandel fanden wir, dass deutsche Rotweine, jedenfalls die erschwinglichen, eher einen etwas flüchtigeren und kurzen *Abgang* hatten, und kaum konkurrenzfähig mit wuchtigeren wie beispielsweise südafrikanischen oder kalifornischen Rotweinen waren. Wir scheuten uns deshalb, in solchen Ländern auch deutsche Rotweine anzubieten und zogen uns zunächst hinter das Kompliment an die Weine des Gastlandes zurück. Bis uns der rettende Gedanke kam, dass jeder Deutsche nebenher ja auch Hanseat, Franke, Bayer oder eben auch wie der Mitautor Schwabe, d.h. Württemberger ist. Und was „schlotzt" der Schwabe lieber als sein „Viertele" (oder auch zwei, drei, viele) Trollinger oder Lemberger? Im regionalen Selbstverständnis sind diese Weine ja so gut, dass die Schwaben sie am liebsten allein austrinken und der Rest der Welt leer ausgeht. In der Tat war es früher auch gar nicht so einfach, sie außerhalb Württembergs im Regal einer Weinhandlung zu finden. Das hat sich heutzutage erfreulicherweise gebessert. Aber wir haben es irgendwie immer doch noch geschafft, die nötige Menge auch ins Ausland zu bekommen. Es sind eben Rotweine, die sich schon allein deshalb keiner internationalen Konkurrenz stellen müssen, weil sie nirgendwo anders angebaut werden als im Schwabenland. Nicht zuletzt wegen dieser Einzigartigkeit hatten wir damit immer Erfolg, selbst bei denen, die hinterher von dem süffigen „Rosé" schwärmten! In den letzten Jahren hingegen wäre es uns schon leichter gefallen, selbst gegen harte Konkurrenz großer Rotweinländer auch andere deutsche Rotweine anzubieten, denn da tut sich inzwischen eine ganze Menge und die *Abgänge* werden zusehends tiefer und länger. Nur: Wir blieben in landsmännischer Verbundenheit und aus Gewohnheit ebenso beim Trollinger, wie wir auch beim Weißwein an württembergischem Kerner (ebenfalls so eine regionale Spezialität, auch wenn sie sich inzwischen in andere Weinbaugebiete verbreitet hat!), Müller-Thurgau oder einem badischen Grauburgunder festhielten.

Leider kam die Mitautorin bei dieser Förderung des Regionalen etwas zu kurz. Rotwein wird ja in Hamburg schon einmal überhaupt nicht, und Weißwein nur in extrem geringen Mengen, und das auch nur experimentell, angebaut. Immerhin: Einmal hat uns eine Delegation aus Hamburg eine solche Flasche hanseatischer Weißwein-Cuvée als Gastgeschenk mitgebracht, mit dem gut gemeinten Rat, sie besser nicht zu trinken, sondern lediglich als Kuriosum in die Vitrine zu stellen. Wir haben sie aus Neugier dann aber doch eines Tages geöffnet und mussten feststellen: Wir fanden sie nicht einmal so übel! Vielleicht würden uns wahre Weinkenner auch deswegen dazu raten, von Weinempfehlungen besser Abstand zu nehmen.

Kurzum: Probieren Sie selbst aus, welcher Wein Ihnen zu unseren Rezepten am besten schmeckt. Notfalls auch mithilfe eines „Weinpapstes".

Schließlich: Viele mögen ohnehin keinen Wein, sondern ziehen ein kühles Pils, Mineralwasser, Apfelsaft oder Ähnliches vor. Ebenso wenig wie Kaviar muss es auch nicht immer Wein sein. Und so wollen wir dieses Buch mit dem gleichen Werbeslogan schließen, mit dem wir es begonnen haben: Nichts ist unmöglich! Auch Rotwein zum Fisch oder Weißwein zum Braten.

Über die Autoren

Alexander Petri, Jahrgang 1944, studierte in New Delhi und Tübingen Politische Wissenschaften, Geschichte, Soziologie und Völkerrecht. 1970 Promotion mit einer Dissertation über die Rolle Deutschlands bei den Verhandlungen des Atomwaffensperrvertrages.

1971 Eintritt in den Auswärtigen Dienst und Heirat.

Auslandsposten:

> 1972/73 und 1974 kürzere Tätigkeiten an der Ständigen Vertretung der Bundesrepublik Deutschland bei den Vereinten Nationen in Genf.
>
> 1974 – 78 Politischer Referent in Pretoria, Südafrika
>
> 1981 – 84 Kulturattaché in Mexiko-Stadt
>
> 1984 – 88 Leiter des Wirtschaftsdienstes in Stockholm
>
> 1992 – 97 Ständiger Vertreter des Botschafters in Pretoria
>
> 2002 – 05 Generalkonsul in Chicago
>
> 2005 – 07 Botschafter bei der Organisation für das Verbot Chemischer Waffen in Den Haag

Sabine Petri studierte in Düsseldorf Kunst und technisches Werken für das Lehramt in der Grund- und Mittelstufe an allen Schultypen. 1971 Abschluss und Heirat. Seither im Wesentlichen „Köchin für Deutschland". 1981 – 84 auch Lehrerin an der Deutschen Schule in Mexiko-Stadt. 1992 – 97 Mitarbeit bei *„Operation Hunger"*, einer südafrikanischen Träger-Organisation für nachhaltige und umfassende soziale Entwicklungsprojekte gegen die Ursachen und Folgen der Unterernährung.

In diesem Rahmen baut *Operation Hunger* z.B. auch Kindergärten und Grundschulen auf. Sabine Petri organisierte während dieser Jahre nicht nur den alljährlichen Basar von *Operation Hunger* auf dem Gelände der Deutschen Botschaft, sondern half aktiv beim Aufbau einer Grundschule mit Kindergarten in der schwarzen Johannesburger Vorstadt Alexandra mit. Ferner arbeite Frau Petri in ähnlichen Bereichen für *Streetwise,* einer Organisation für Straßenkinder.

In Chicago war Sabine Petri Mitgründerin der *German Language Society Chicago* und betreut für sie auch aus der Ferne bis heute die Literatur- und die Filmgruppe.

Das Ehepaar hat einen Sohn und eine Tochter.